勝って兜の緒を締めよ！

日露戦争とその後の日本

岡田幸夫

元就出版社

【勝って兜の緒を締めよ！／目次】

第一章　海軍三提督の織物産地視察

日露戦争の翌年、明治三十九〈一九〇六〉年十二月下旬のことである。

前年勝利して終結した日露戦争で大活躍し、国民的英雄となっていた日本海軍の三提督がそれぞれの令嬢を伴って、両毛地区の織物産地を視察に訪れた。

海軍三提督とは、伊東祐亨《ゆうこう》元帥、軍令部長東郷平八郎大将、横須賀鎮守府長官上村彦之亟中将である（日露戦争当時は、それぞれ伊東軍令部長、東郷連合艦隊兼第一艦隊司令長官、上村第二艦隊司令長官という職にあった）。

訪問した織物産地は栃木県足利町、群馬県桐生町、伊勢崎町である。いずれも両毛鉄道が通る、隣接した織物産地である（町から市に昇格したのは足利市と桐生市が大正十年、伊勢崎市が昭和十五年のことである）。

一行のメンバーは海軍三提督のほか、元帥副官佐々木高志少佐、三令嬢伊東延子、東郷八千代、上村愛子と、付き添いとして原田学習院教授の八名であった。

伊東・東郷・上村の海軍三提督は、ロシアのバルチック艦隊を完膚なきまでに撃ち破った日本の英雄である。特に連合艦隊司令長官東郷平八郎大将の名声は日本国内にとどまらず、世界にその名が轟《とどろ》いた名将だ。

日本中から講演、講話そして記念植樹などの招待が殺到したことが推測される。だが、軍令部長や横須賀鎮守府長官という多忙な要職にある身である。そうやすやすと要望に応えるわけにはいかなかったはずである。

ところが今回の両毛地区織物産地の視察訪問は、それぞれの令嬢を伴い、二泊三日の日程を組んだ異例なものだった。

地元にとっては、天皇陛下の行幸に次ぐくらいの賓客来訪である。各視察地では郡長、町長、警察署長などを中心にして、接待委員を選出して念入りに歓迎の計画が練られた。

桐生町の場合でいえば、次の通りの接待委員がそのメンバーである。

接待委員長は石川泰三山田郡長、副委員長は松井警察署長、以下接待委員として甲斐町長、沢田助役、福田兼吉、福田森太郎、森宗作、書上文左衛門、大沢福太郎、常見喜太郎など、いずれも桐生を代表する著名人であり有力者に加えて、在郷軍人会を代表して真尾《ましお》源一郎氏が参加した。

真尾氏はまだ三十歳前後の若手であったが、桐生織物学校第一回卒業生であり、日露戦争には第一師団の小隊長として旅順総攻撃に参加し、負傷したという輝かしい戦歴の持ち主であった。

＊

それでは三提督一行の視察訪問を、概略的に整理しながら日程を追ってみよう。

東京の海軍当局で、何かの緊急事態が生じたようで、日程が予定通りにはいかなかったようなのである。

◇日程　　明治三十九年十二月二十二日～二十四日　二泊三日
◇視察地　足利町、桐生町、伊勢崎町

◇十二月二十二日

午前七時三十分上野駅発～九時三九分小山着～十一時三十分足利着（所要時間四時間）
予定では、
○足利駅で出迎え　花束贈呈
○岩下善七郎宅で昼食
○高等小学校訪問
○足利学校視察、記念植樹
○足利公園で歓迎式典

となっていたが、東郷大将と上村中将の二人は予定の汽車で東京を出発できなかった。最終便に乗車する、とのことだった。主役の二人が不在となってしまい、多くの予定は翌日に順延された。

東郷・上村の両提督は十九時三十分に足利駅到着。花束が贈られた後、通《とおり》三丁目にあった戸叶《とかの》彦平氏別邸で一行と合流し夕食となり、その晩は戸叶邸に宿泊された。

◇十二月二十三日

○足利の高等小学校を視察。足利織物が展覧に供された。
　生徒全員が整列するなか、三提督よりそれぞれ講話が行なわれた。
○続いて鑁阿《ばんな》寺、足利学校を見学。境内で三将軍による記念植樹。
○それから足利公園へ移動、ここで歓迎式典が行なわれた。
　歓迎式典の式次第は次の通りである。
　第一鈴　三将軍閣下御臨場
　第二鈴　委員長（中森茂八郡長）式辞
　第三鈴　在郷軍人惣代歓迎の辞
　第五鈴　委員足利町長（長祐之）謝辞
　第六鈴　委員長の発声にて三将軍の万歳三唱
　第七鈴　解散

こうして足利町での行事を終了し、鉄道で桐生駅に午後四時過ぎに到着した。足利と同じく接待委員全員と多くの町民が一行を出迎えた。

足利では生花の花束だったので、桐生では造花の花輪が贈物として用意された。ところが、ここで予期せぬ出来事が起こった。東京の海軍軍令部から至急の電報が届いていた。

《東郷大将は二十三日中に東京に戻られたし》

当時桐生にはまだ電話回線が敷かれていなかった（電話が通じるようになるのは翌年の明治四十年のことである）。詳しい事情や理由は何もわからなかった。

関係者で協議のうえ、対応は次のように決まった。

《東郷大将は最終の鉄道で帰京する。見送りとして真尾源一郎氏が随行する。夕食の弁当を金木屋で手配する》

東郷大将は桐生駅舎で地元の人々とあいさつだけを交わして、真尾氏と二人で最終便の列車に乗り桐生を後にした。

一行は人力車に分乗して、新宿《しんしゅく》にあった常見喜太郎邸に向かった。常見邸は同じく接待委員の福田兼吉、森太郎氏の近くにあり、豪壮な屋敷を構えていた。この日はこの常見邸が宿所であった。

一方の東郷大将と真尾氏である。桐生駅長から行く先々の停車駅に電報で知らせてあったため、伊勢崎、高崎、熊谷などの各駅では、地元の名士など多くの人が集まっていた。

そうした人々に、東郷大将は威儀を正し丁寧にあいさつを交わした。走行中でも雑談をするでもなく寡黙で、姿勢を崩すこともなかった。午後十時三十分上野駅に到着。人力車に分乗して麹町にあった東郷邸まで真尾氏は送り届けた。

東郷邸では玄関傍らの畳の上にてつ子夫人が正座して出迎えた。真尾氏は東郷大将の勧めるままに、応接間に上がってストーブにあたり暖をとった。大将は、

「ウィスキーを飲んで温まりたまえ」

と勧めたが、真尾氏は
「私は不調法者で奈良漬けも食べられない下戸《げこ》であります」
丁重に謝辞した。
その後、真尾氏は上野駅界隈《かいわい》に宿を取り、翌日の一番列車で桐生に戻り、一行に合流した。

◇十二月二十四日
朝食後の出発前に、一行と地元関係者が常見邸玄関前で記念撮影を行なった。
○人力車で移動、日本織物株式会社（当時は経営者が替わり、桐生織物株式会社という社名であった）を訪れた。この会社は京都織物会社と並び、日本で最初の動力織機を多数備えた近代的な大工場であった。一行は会社入口にあった織姫神社を参拝、会社内の貴賓室では白滝姫の生き人形と対面した。明治二十六年の米シカゴ万博に出品されたというこの人形は等身大で、服装と顔立ちは、畏れ多いことながら明治皇后（昭憲皇太后）にどことなく似ていた。
工場の事務所棟玄関前で一行と接待委員、工場長などと記念撮影を行なう。
○桐生天満宮参拝。記念植樹。
○西小学校で歓迎式典と記念植樹。
式次第は足利と同じようなものだったろう。植樹では東郷大将の代役は令嬢の八千代さんが務めた。
○織物会館で桐生織物を陳列し展覧に供した。

これで桐生の予定を終了し、列車に乗り午後二時三十分頃伊勢崎駅に到着。伊勢崎では小学校で歓迎会および織物展覧を行なった。

＊

この日の最終便、午後七時頃に伊勢崎を出発、十時三十分上野着。お見送りは桐生の接待委員が担当した。伊東元帥親子は甲斐町長、上村親子は沢田助役、東郷大将令嬢は真尾源一郎氏が自宅まで見送りした。

真尾氏は二日続けて最終列車で東郷邸までお見送りした。車中連絡係ということで、真尾氏だけが許されてご一行と同一の車両に同乗した。

真尾氏の印象では東郷大将は終始寡黙かつ謹直であったが、伊東元帥は列車の停車中は歓迎の人たちが集まったので威儀を正したが、走行中の車両ではよく飲み、よく語って談論風発した。

佐々木副官に命じてウィスキーの小瓶を用意させ、上野に着くまでに二本も空けたというエピソードが伝えるところによれば、伊東元帥も上村中将もかなりの酒豪で豪傑肌の人物だったようである。

一行は上野駅で別れ、用意された馬車や人力車でそれぞれの自宅までお見送りされた。

以上が海軍三提督と令嬢による両毛地区織物産地視察旅行の顚末《てんまつ》である。

前述のように日程を詳細に調べてみたが、素朴な疑問がいくつか湧いてきた。

それを要約すると次のようになる。

足利町　戸叶邸にて

①
日露戦争のヒーローであり国民的人気絶頂にあった三提督が、令嬢まで伴っての二泊三日の視察旅行である。全国から視察や講演の依頼が山のように届いていたと推察されるが、なぜ両毛地区の織物産地が選ばれたのか？　という素朴な疑問である。東京から近いという距離的な条件だけではない理由があったのに違いない。

②
東郷大将と上村中将は出発初日に予定時刻に乗車できず、半日遅れで東京を発っている。これにも何かの理由があったのに違いない。

③
さらに東郷大将は二日目に、桐生に着いたものの、駅舎から出ることはなく、そのまま東京へトンボ帰りしている。相当に緊迫した状況にあったことが想像される。

桐生町　日本織物会社にて

現地の人たちや小学生たちは、東郷大将の姿を見て講話を聴くことを何よりも楽しみにしていたに違いない。東郷大将は軍令部長という余人を以て代えがたい要職にあったので、急用ができたことは決して不思議ではない。ではいったい何があったのか？

＊

足利の戸叶家で撮影された集合写真と、桐生の日本織物会社玄関で撮影された集合写真が残されている。当然のことながら後者の写真には東郷大将の姿はない。

明治三十九年とはそのものずばり明治の御一新となってほぼ四十年、世界の大国ロシアを破り西欧列強の仲間入りを果たした。富国強兵、脱亜入欧の国家的スローガンが実現されたのである。

だがその四十年後には何が起こったのか？

中国、アメリカ、イギリス、オランダ、フ

ランス、ソ連などほとんど全世界を相手に戦争を起こし（あるいは戦争に追い込まれ）、三百万人以上の戦死者と日本中の都市という都市は爆撃で焼かれ、さらに広島と長崎に原爆を落とされ、惨憺《さんたん》たる敗戦を迎えることになるのである。

そうした大きな歴史の流れのなかで捉えると、さらに疑問は広がり、問題点がいくつも浮かびあがってきた。

少し調べてみると、この年の十二月は海軍軍令部長東郷平八郎大将にとって、全力で取り組まなければならない重要課題が突き付けられていた。それは次の二つである。

④　十二月上旬、イギリス海軍で画期的な性能を有する新型戦艦「ドレッドノート」が完成し、就役に入った。これで三笠、敷島以下日本海軍が所有する戦艦、さらに現在建艦中の戦艦がすべて時代遅れの二線級に成り下がりかねない衝撃的なものだった。果たして日本海軍はどのような対応をとったのだろうか。

⑤　十二月二十日に、東郷軍令部長は、明治天皇から新しい国防方針の策定を命じられている。日露戦争後の日本を取り巻く国際情勢を見据えて、どのような新しい国防方針を目指したのだろうか。その後の日本の歴史にどんな影響を与えたのか。

さらに加えて、かねてから疑問に思っていたのは国の借金である。

⑥　日露戦争ではざっと二十億円という巨額の戦費が費やされた。それは当時の国家予算の数倍にあたる巨額なものだった。そのうち、十六億円は国債（借金）で、半分の八億円が外国債だった。借金はいずれ元利ともども返済しなければならない。どのような返済処理がなされたのか。

巨額の赤字国債を抱えている現在の日本にも共通する今日的問題でもある。

以上、解明すべき疑問点と課題が私の脳裏に浮かんできた。

一地方の織物産地視察に際し、視察地に足を踏み入れながらたまたま何かの事情があって、東郷大将だけUターンして帰京した。

この「東郷Uターン」の謎解きを導引として、日本の歴史の一断面を覗《のぞ》いてみようと試みることにした。

歴史は個々の出来事を断片的に掘り下げても全体像が見えてこない。いわゆる管見《かんけん》の弊に陥りやすい。ある程度の長期にわたる時間経過――流れの中で見つめる視点を心掛けたい。俗に、凡者は経験に学ぶが、賢者は歴史に学ぶといわれる。また歴史は繰り返すともいう。歴史を振り返ることで、後世を生きるわれわれに将来の指針やヒントが得られるかもしれない。

時代を少しさかのぼって、歴史探訪の小さな旅に出かけてみよう。

第二章　薩摩と明治海軍

明治三十九年十二月、両毛織物産地を訪問した伊東祐亨元帥、東郷平八郎大将、上村彦之亟中将の海軍三提督は、いずれも薩摩（鹿児島県）の出身である。

日露戦争当時の元老、陸海軍幹部の出身地を並べてみる。

■元老　山縣有朋（長州）、伊藤博文（長州）、松方正義（薩摩）、井上馨（長州）
■首相　桂太郎（長州―陸軍大将）
■陸軍　陸軍大臣寺内正毅（長州）、参謀総長大山巌（薩摩）、参謀次長児玉源太郎（長州）
■海軍　海軍大臣山本権兵衛（薩摩）、軍令部長伊東祐亨（薩摩）、次長伊集院五郎（薩摩）

という布陣になっていて、ほとんどの者が薩摩（鹿児島県）か長州（山口県）の出身者で占められていた。どちらかいうと、陸軍は長州出身者、海軍は圧倒的に薩摩出身者が多い。

江戸幕府を倒し戊辰戦争を戦い、明治維新を経て、新政府を樹立したリーダーはまぎれもなく薩長両藩だったので、明治期の政治や軍事の中枢を薩長の実力者たちが占めていたのは自然の流れと理解することができる。

　この章では三提督の経歴を軸にしながら歴史をたどってみよう。

（1）薩英戦争

嘉永五（一八五三）年、ペリー艦隊が江戸湾浦賀に来航し、徳川幕府の鎖国体制が崩れた。安政五（一八五八）年、日米修好通商条約が結ばれ、外国との貿易が始められた。朝廷の許可（勅書）なしに開国したということで、朝廷や尊王攘夷の過激派から非難されると、幕府の井伊直弼《なおすけ》大老は過激派の者たちを厳しく弾圧した（安政の大獄）。すると、井伊大老は水戸藩士たちの手であっけなく暗殺されてしまい（桜田門外の変）、幕府の権威は地に落ちた。

　尊王攘夷思想が吹き荒れていたそんな時代、横浜の近くで生麦《なまむぎ》事件が起こる。薩摩藩の最高権力者である島津久光（若い藩主忠義の父で後見人）が、三百名の大名行列で江戸から京都へ向かっていた。そこへ横浜のイギリス商人四人が馬で通りかかったのだ。

　イギリス人たちは大名行列に対する礼儀作法を知らない。言葉もよく通じない。イギリス人たちは馬上のまま通り過ぎようとしたその時、供《とも》の薩摩藩士たちが「無礼者！」といきなり切りつけた。そのためイギリス人一人が死亡、二人が重傷を負う事件となった。

イギリスのニール公使は幕府に厳重に抗議し、謝罪、賠償金と犯人の引き渡しを要求した。だが薩摩藩は、「大名行列を乱した狼藉者《ろうぜき》を切った。当然のことをしたまでで、賠償金など論外だ。当事者は行方不明だ」と、要求を突っぱねた。

間に入った幕府は右往左往して窮地に追い込まれた。うっかり対応を誤るとイギリスと戦争になりかねない。仕方なく老中板倉勝静は、独断で賠償金十万ポンドを支払い、「残りの賠償金、犯人引き渡しの件は薩摩藩と直接交渉をするように」と、問題を振ってしまった。

徳川幕府はもはや諸藩を統率できる能力を失ってしまっていることを、内外の天下にさらす結果となった。

イギリスは東洋艦隊七隻の軍艦を呼び寄せ、薩摩藩と直談判するため薩摩錦江湾へ艦隊を派遣した。大英帝国得意の砲艦外交である。

イギリスは謝罪と犯人引き渡し、賠償金二万五千ポンドを要求した。薩摩藩は毅然《きぜん》として突っぱねた。そのため交渉は一向に進展しなかった。

薩摩藩では島津久光以下藩士総員でこの日に備えていた。前藩主島津斉彬《なりあきら》公以来力を入れて防備した大砲の威力を、今こそ試さんと腕を撫《ぶ》して待ち構えていたのである。

こうして始まったのが薩英戦争である。薩摩藩に幸いしたのは、この日暴風雨があって視界も悪く、艦操縦の自由がかなり制限を受けたことだ。そのためイギリス艦隊は陸上との近接戦闘を余儀なくされた。

薩英戦争の結果は、世界最強のイギリス艦隊を相手に薩摩藩が善戦し、ほぼ互角の戦闘に終始した。

イギリス艦隊は旗艦に直撃弾を受け、艦長が戦死した。他の一隻は座礁して損傷、死傷者は数十人に及び薩摩藩より多かった。

薩摩側では、艦砲射撃により砲台は被害を受け、城下の三分の一が焼かれたが、住民はあらかじめ避難させていたので死傷者は少なかった。しかもイギリス兵の上陸も許さなかった。

この薩摩藩をあげての戦争に、後に明治時代に活躍する多くの若者が参加していた。以下にその氏名と当時の年齢を列挙した。

■すいか売りに化けた切り込み決死隊＝多くは過激な攘夷思想の政治犯
大山巌（二一）、西郷従道《つぐみち》（二〇）、黒田清隆（二五）、伊東祐亨（二〇）＝イギリス側に怪しまれ、乗艦拒否されたため生き残る。
■商船に乗っていて拿捕《だほ》され捕虜＝五代友厚（二七）、寺島宗則（三一）
■戦闘開始の伝令＝大久保利通（三三）
■砲手・弾薬運びなど＝東郷平八郎（一五）、上村彦之亟（一四）、山本権兵衛（一一）

西郷隆盛は島津久光とソリが合わず、沖永良部島に遠島されていたため、この戦争には参加していなかった。

ちなみに、この前記メンバーのなかで、西郷隆盛、西郷従道（実弟）、大山巌（従弟）、東郷平八郎、山本権兵衛は、加治屋町という下級武士の住む同じ町内で生まれ育っている。

イギリス艦隊は損傷を受けて退いたが、この戦闘で薩摩藩を見直した。オロオロするばかりで、頼りない幕府老中に比べて、はるかに結束力があり剛直で頼りになる存在と認めたのである。

薩摩藩士たちも日本の旧式砲に比べて、射程、精度、発射速度などに優れたアームストロング砲の威力を正当に認め、攘夷論は影をひそめてイギリスに学ぶ姿勢に転じた。この薩英戦争は薩摩藩、そして日本にとって怪我《けが》の功名となった。この薩英戦争をきっかけにして、イギリスと薩摩藩は親密な関係となったのである。

そしてイギリスの先進技術と軍事技術を積極的に取り入れる。慶応元（一八六五）年には、五代友厚、寺島宗則、森有礼《ありのり》ら薩摩藩遣英使節団を派遣している。

翌年の下関戦争でも同じことが起こる。攘夷思想から関門海峡を封鎖した長州藩に対し、米・英・蘭・仏の四国連合艦隊十七隻は、下関を砲撃し、砲台は占領された。

長州藩も四国連合艦隊にはとても敵わぬことを悟り、西洋式の武装を積極的に進めることになる。

薩長両藩は、以後同盟を結び相携えて倒幕に向けて突き進んでいった。

（2）戊辰戦争から西南戦争

前述の薩英戦争に参加した若き薩摩藩士たちは、それぞれの年齢と立場で戊辰戦争に参加し、各地を転戦した。

たとえば黒田清隆の場合である。西郷隆盛軍司令官、黒田参謀のコンビで、奥州へ転戦した。最後まで戦った庄内藩が降伏した。西郷・黒田は戦が終われば同じ日本人だと言って、敵将を武士道的作法に従って丁重に扱い、罪も与えなかった。

感激した庄内藩士たちは、このことで西郷隆盛と黒田清隆を深く尊敬することになった。明治に入って、西郷隆盛から指導を受けるため、若き藩主酒井忠篤《ただずみ》以下七十余名の藩士を薩摩に派遣した。

庄内藩士たちは薩摩藩内で西郷隆盛から直接薫陶《くんとう》を受けた。彼らは西郷の言行を書き留め、明治二十年代に恩赦で西郷の罪が解かれると、『西郷南州遺訓集』にまとめて出版、西郷の恩顧に応えた。このことが機縁となって、鹿児島市と鶴岡市は姉妹都市ではなく、男同士の友情で結ばれた兄弟都市となった。

黒田清隆はその後函館戦争を転戦した。最後まで戦い、降伏した幕府軍の指揮官榎本武揚《たけあき》には厳しい処罰が待っていたが、黒田は本気で助命活動を行なった。榎本は幕府時代オランダに留学し、国際法に通じた第一人者だったのだ。

黒田は明治新政府には榎本は必要な人材だと信じて、自ら髪を剃《そ》って坊主頭となり、新政府の高官に助命嘆願した。その甲斐もあって榎本は軽罪で済み、その後明治政府に仕え多大な貢献をすることになる。

西郷隆盛も江戸攻撃前に、勝海舟と会談し、江戸を戦火から救った。薩摩藩の将官は日清戦争でも日露戦争でも、戦いの終わった後、敗軍の敵将、兵員に対し武士の温情を持って接している。

＊

やがて明治に入って、各員はそれぞれ本格的に軍人の道を歩き始める。

■伊東祐亨＝伊豆韮山《にらやま》の江川英龍の門下となり砲術を学び、続いて神戸海軍操練所で、坂本龍馬、陸奥宗光らとともに航海術を学ぶ。明治四年海軍大尉に任官、以後順調に昇進する。

■東郷平八郎＝明治四年より十一年までイギリスに留学。当初、ダートマス海軍兵学校入学を希望したが、年齢を理由に許可されず、商船学校に学ぶ。この体験が艦船の運用術とともに、国際法を熟知するきっかけとなった。帰国後、海軍に入り、順調に累進する。

■上村彦之亟、山本権兵衛＝戊辰戦争転戦後、海軍兵学寮へ入学。二人は実戦を体験しているため、教官の授業内容に容易に同意せず、体験からする自説を主張して教官をやり込めることもしばしばあった。そのため教官の採点は芳しからず、ほとんど最低の成績で卒業、任官した。その後山本はドイツに留学し、艦船勤務の体験を積む。

その途上で明治十年、西南の役が起こる。旧薩摩藩士やその子弟の私学校生徒たちが、西郷隆盛をかついで決起した。

西郷従道は実弟、大山巌は従弟、黒田清隆は直接の部下だった。彼らにとって、西郷隆盛は尊敬すべき大先輩であり偉大な師でもある。

それが政府の官職にあり、敵対する関係となった。個人的には複雑な感情があったはずだった。だが、明治新政府はスタートしたばかりの弱小国だ。ここで内戦して国が大きく乱れたら、列強国に付け込まれて独立も危うくなる。彼らは断腸の思いで私情を捨てた。

海軍士官になっていた山本権兵衛は、鹿児島の西郷に会いにいった。西郷の言葉次第では

日清戦争時の連合艦隊旗艦「松島」　清国北洋艦隊の巨艦「定遠」「鎮遠」に対抗するため、フランス人設計による防護巡洋艦。「松島」「厳島」「橋立」と三隻造られたため三景艦と呼ばれた。4200トンで建造費100万円。

西郷軍に身を投じたかもしれない。だが西郷に強く諭されて海軍に戻った。

東郷も「もし日本にいたら、西郷軍に身を投じていただろう」と後に述懐している。

だが、もっとも精強だとされた薩摩軍は、一般国民から徴募された鎮台《ちんだい》兵に敗れ、西郷は薩摩の城山で自決して戦争は終わった。西南戦争以後、国内での内戦はなくなった。

（3）日清戦争

明治政府の海軍では、イギリス海軍を範として制度、教育を整備した。軍艦の整備については、戦闘艦は海外から輸入、中小の艦艇は国産という方針で軍備増強を進めた。

国産第一号は「清輝」という軍艦で、幕末に小栗上野介が後世のために残した横須賀造船所で建造された。明治九年のことである。その進水式には明治天皇が臨席され、「海軍の威力大いにふるう」と、当時の新聞は特報している。明治十八年、海軍は大拡張計画に着手する。それまで海軍の予算は年間総額三百八万円であったが、八カ年継続の造艦計画で総額二千六百万円の予算をつけた。毎年三百三十万円を投じて、大艦五、中艦八、小艦七、水雷艇十二隻を建造することが閣議決定された。

このタイミングで陸軍中将だった西郷従道が、海軍中将に転じ海軍大臣として赴任してきた。その経歴からして、西郷大臣は海軍のことについては素人同然だった。

それまで西郷は陸軍卿、内務大臣、農商務大臣など、総理大臣以外はほとんど経験したというほどのキャリアを積んでおり、伊藤博文のよき相談相手となっていた、明治政府の大物である。

西郷大臣は大佐の山本権兵衛を海軍大臣官房主事に抜擢《ばってき》し、海軍改革にあたらせた。山本大佐は、西郷大臣の後ろ盾を得て、来るべき日清戦争に勝つための大改革を推進した。

それまで参謀本部の一部局であった海軍参謀部を独立させ、海軍軍令部として陸軍と対等の立場に置いた。

海軍には帆船時代の経験だけで、近代的教育を受けていない高級将校がたくさんいた。山本はそうした将官八人、佐官・尉官八十九人のリストを作成し、リストラを断行した。当然山本は大いに恨まれたが、戦争に勝つためだと信じて逆風を構わず荒療治による大改革を進めた。

山本から首を言い渡された将官のなかには薩摩出身の士官も多かったが、能力、人物本位で事を進めた。山本には藩閥意識は乏しかった。

山本大佐は海軍政策に関する確たる信念を持って、目的とする戦争に勝つための一点に集中してあらゆる政策を実行した。能力も人物も傑出していただけに、論旨鋭く、歯に衣を着せない圭角《けいかく》があるため、部内では浮いた存在になりかねなかった。

西郷海軍大臣はその山本を引き立て、信頼してすべてを任せ、うまくいかなかった時の責任は自分がとる、という姿勢で終始した。人物が大きく、懐の深い西郷だから山本権兵衛を使いこなせたといえる。薩摩の将官にはこのタイプの将軍が多い。西郷隆盛は勿論のこと、陸軍の大山巖元帥も典型的なこの将帥タイプである。東郷平八郎も同じタイプの提督だった。

＊

日清戦争時の布陣はこうだった。

■海軍大臣西郷従道大将、大臣副官山本権兵衛大佐（巷間《こうかん》では権兵衛大臣と囁《ささや》かれていた）
■軍令部長樺山資紀中将（薩摩）
■連合艦隊司令長官伊東祐亨中将（旗艦「松島」に座乗）

いずれも薩摩出身者である。この時、

■東郷平八郎大佐は浪速艦長、上村彦之亟大佐は秋津洲艦長

東郷、上村の二人は、実戦部隊指揮官としてのキャリァを積み重ねていた。

日清戦争では、いくつかの海戦は一方的な日本軍の勝利に終わった。清国北洋艦隊は撃破され、日本軍に降伏後、司令長官丁汝昌《ていじょしょう》は毒をあおいて自決した。

丁司令長官の部下から「ジャンクでもよいから、司令長官の遺体を本国に送り届けたい」と申し出があった。

伊東司令長官は「長官を送るのにジャンク船という法はあるか」と言い、接収した大型商船を提供し、遺品も収めて送り届けるよう申し伝えた。

丁汝昌提督の遺体を収容した商船が通り過ぎるのを、連合艦隊の艦艇では将士が舷側に整列し敬礼して見送った。さらに旗艦松島からは弔砲が放たれた。

この様子はイギリスのタイムズ紙に掲載され、そのシーマンシップを多くのイギリス国民は賞賛した。

＊

日清戦争後、山本権兵衛は海軍大臣に昇格し、伊東祐亨は軍令部長に就任した。二人は相協力して次の日露戦争に勝つための準備に心血を注ぐのである。現場の艦隊では東郷平八郎が連合艦隊司令長官兼第一艦隊司令長官、上村彦之亟が第二艦隊司令長官としてロシア艦隊と対決することになる。

第三章　両毛織物産地

この章では、海軍三提督による視察訪問先としてなぜ両毛織物産地が選ばれたのか、そしてそれがなぜ明治三十九年十二月というタイミングであったのかを考えることにする。桐生織物を代表例として、その歴史を概観しながら考察を進めてみることにしよう。

詳しい結論は第七章でまとめたので合わせて参照されたい。

（1）桐生織物の起源

桐生地区は古い時代―奈良・平安時代から絹織物が盛んだったと伝えられる。奈良時代に、朝廷への調《ちょう》として絁《あしぎぬ》（絹布）が献上されたと記録にある。

赤城・日光連山が連なり、山脈の先端が関東平野に突き出た扇状地に位置している。この地勢から、広い水田を開くことができず、生活手段として養蚕・製糸・織物に活路を見出す

①高機の伝来、 縮緬織の伝来	元文三（1738）年　（1730年に西陣大火） ⇒各種紋織物が産出できるようになった
②水車式 八丁撚糸器の発明	天明三（1783）年　桐生のオリジナル発明 ⇒撚糸が大量にしかも安価に供給された
③先染糸を使った 紋織物技法	寛政二（1790）年　（1788年京都大火） ⇒各種高級織物が自在に生産できるようになった

しかなかった。

桐生織物が本格的に発展するのは、徳川家康が江戸に入国してからである。徳川幕府の総代官大久保長安《ながやす》が手代の大野八衛門を派遣して、桐生新町の町建てを行なった。一五九〇年代のことである。

その途上の一六〇〇年、関ヶ原合戦が起きた。たまたま徳川家康は上杉氏討伐のため軍団を率いて野州（栃木県）小山にいた。「石田三成蜂起す」の一報に、三成と一戦を交え雌雄を決することに軍議は一決した。

戦さのための準備が進められたが、その一つに軍旗の調達があった。その昔、家康の先祖にあたる新田義貞が鎌倉幕府討伐のために決起した折、軍旗として仁田山《にたやま》絹（当時桐生地区の絹織物をこう総称していた）を使った故事があり、吉例の地という言い伝えがあった。

家康から戦さの絹旗を用意するよう命が出された。桐生五十四カ村の農民たちは持てる織機を総動員して、二千四百十疋の白布を織り出し家康に奉納、結果徳川軍は大勝利し、桐生は織物産地として認められるようになった。

最初の頃は、複雑な紋様を織ることができず、染色技術も幼稚なものだったが、次第に新しい技術を取り入れていった。

当時、日本の絹織物の先端技術は京都西陣に集積化されていて、しかもその技法は門外不出とされていた。しかし桐生にとって幸いしたのは、京都西陣ではしばしば大火に襲われ、織物業者が焼け出されてしまったことであろう。

おそらくそうした不幸に見舞われた織物業者が裸一貫で下向し、再起をかけて桐生へ流れてきたのだろう。中山道が整備され、上州に入ってから日光例幣使街道を使えるので交通の便は至極よかった。

さらに江戸中期以後は、桐生にも多くの近江商人たちが店を構えて活躍していたので、彼らが情報と仲介の労をとったことが推測された。

桐生の人たちは、勿論そうした技術者を大事にして新技術を取り入れ、しかも織物講習会などを開いて地域へ広めた。

江戸時代を通じて、桐生織物の飛躍的な進化に寄与した三大要素技術を前ページの表にまとめた。

*

この三つの要素技術の伝来と発明によって、桐生織物は空前の発展を遂げた。

高級絹織物の主産地京都西陣と比べて桐生の強みは、周辺地区から安価な生糸が大量に集まったこと、水車式八丁撚糸器により安価な撚糸《ねんし》の大量生産が可能だったこと、江戸に近い地の利、販売とマーケティングを担当する買継商の存在などによる。

文化・文政時代には、徳川将軍家斉《いえなり》が愛用したといわれる「お召」を織り出した。これは先染め糸を使った縮緬《ちりめん》様式の紋織物で、最高級に位置づけされる傑作品であった。

販売を担当する買継商たちは、江戸での販売を積極果敢に進めた。このため江戸の問屋や呉服屋と販売の主導権をめぐってしばしば騒動が起きた。

揉めごとが起こると大抵の場合、「権現様ゆかりの御吉例の地」の一言が免罪符になって、桐生側の言い分が通ったようである。

江戸で評判をとると、当時は大名の参勤交代があったから地方でも評判となる。地方に出向いて販売すれば、江戸よりはるかに利幅の大きい高値で売れた。

文化・文政期、天保時代の前半期が繁栄の一つのピークで、年間売上高が七十万両に達したと記録にある。

だが好事魔多しという。絹織物は綿や麻などに比べて高価であり、贅沢品扱いをされた。そのため幾つかの鬼門があった。凶作・不況・緊縮財政、政治不安や戦争などになると途端に勢いをなくしてしまう。

たとえば天保時代である。出だしは好調だったが、天保四年から何年か凶作が続いた。天保の大飢饉である。老中首座水野忠邦が「天保の改革」に乗り出し、瀟洒《しょうしゃ》禁止令が出されると、桐生織物はバタっと灯が消えた状態になってしまった。

だが水野忠邦の改革も数年で挫折し、彼も失脚すると禁止令もうやむやになったようである。この先も時代の変化に揉まれながら発展を続けていった。

（2）足利織物の特色

一方、隣接する足利の織物である。

足利は室町時代を築いた足利尊氏ゆかりの地である。足利将軍家菩提寺である鑁阿寺《ばんなじ》（国宝）やフランシスコ・ザビエルが「坂東一の大学」と称した足利学校がある。

足利の織物は絹ではなく綿織物が主であったとされる。天保二年に桐生・足利を旅した田原藩士の渡辺崋山は、足利織物について次のように記録している。

「足利は木綿の産地として知られ、製品は他郷で売られる。緻密な織りは絹組織のようで結《ゆう》城《き》木綿と呼ばれている。町の人は皆織機を業とし、利益は豊かで、そのため人口が集中してこの盛況をなしている。

他郷の木綿織は平織りだが、足利だけは高機《たかばた》が用いられ、織り専一に工夫されている。その杼《ひ》は大きなものでなく一握で通せるものである。時には小杼を用いて投げ返す。大杼に比して非常に便利であり、布面も滑らかである。吉貝《サントメ》擬織がもっともよい」

*

一般に絹は高級品で上流階級か富裕層が対象、反面木綿は普及品で広く中産階級や庶民が対象とされた。足利の織物は、木綿でありながら織法や紋様を工夫して、高機を使った付加価値の高い紋織物を織り出している様子が読み取れる。

ここに記された吉貝擬織とは、オランダ船で輸入されたインド産の高級綿織物のことで、セントトーマス港から積み出されたことからその名がついたようである。

いずれにしても足利の織物業者は、結城木綿や吉貝擬織など、今日の言葉でいえば有名ブランドのパクリだが、創意工夫を凝らして付加価値の高い織物を産出した。

江戸時代の足利は、足利藩戸田氏一・一万石の領地（城はなく陣屋が置かれた）だった。渡辺崋山は藩主戸田忠喬《ただたか》（五代藩主）の善政についても書き残している。
「五代藩主戸田忠喬は、税を軽くして民力を盛んにすることが大事と悟り、参勤交代も病気と称して休み、豊作の年でも税を増やさず、質素に暮らしたので、足利は農民、商工業者いずれも豊かになった」

（3）創意で苦境を克服

ペリー提督率いる黒船が浦賀に来航後、日本は開港し海外との貿易が行なわれることになった。日本からの輸出品は生糸やお茶が中心であったが、生糸に関しては当時神風ともいうべき追い風が吹いていた。

それは生糸を生み出す蚕が、病気となる微粒子病という伝染病が流行していて、フランスやイタリアなど、ヨーロッパの養蚕が危機に瀕していたことである。

貿易港である横浜に日本産生糸を持っていくと高値で売れた。それは日本で流通していた価格の二倍の値で買い取られたという。

その結果、京都西陣や上州桐生などでは生糸が払底し、織物生産ができない事態となった。この事態を何とかしてほしいと、幕府に嘆願書を出したが自由経済の為せる結果なので如何ともすることができなかった。

そこで織物業者たちが目をつけたのが、輸入綿糸であった。輸入綿糸は国産糸と違って、海外の紡績工場で生産された綿糸で細くてしなやか、しかも品質が均一で値段も安かった。経糸《たていと》に生糸、横糸に輸入綿糸を使って交織すると、多くの織物で絹織物と大きな品質の違いがないことがわかった。こうした絹綿交織織物で生糸払底の危機を脱することができた。

桐生織物についていえば、この後も時代の流れと、好不況の荒波にもまれて、いくつかの危機に際会するのだが、そのたびに創意と工夫、あるいは新技術の導入などでそうした危機を乗り越えていくのである。

その代表的な事例をいくつかあげてみる。

◇松方デフレ政策による不況の克服――明治十年代から二十年代前半

明治十四年、政府は西南戦争などによる失費とインフレを克服するため景気の引き締め政策を実施した。この緊縮財政策を時の大蔵卿が松方正義だったことから、松方デフレと呼ばれた。

どれだけ厳しい景気引き締め策だったのか、桐生織物の生産・出荷金額推移グラフが雄弁に物語っている（図1・グラフ参照）。

この不況対策として、桐生の織物業者と買継商が共同で開発した製品が輸出羽二重《はぶたえ》である。羽二重は欧米で人気が出て、生産さえすれば良い値でいくらでも売れた。その販売増の様子もグラフからはっきりと読み取ることができる。

明治二十年頃、福井県や石川県の業者からの強い依頼と要請によって、桐生の羽二重織法が同地方へ伝えられた。すると明治二十年代後半には輸出羽二重の主産地は福井・石川・福

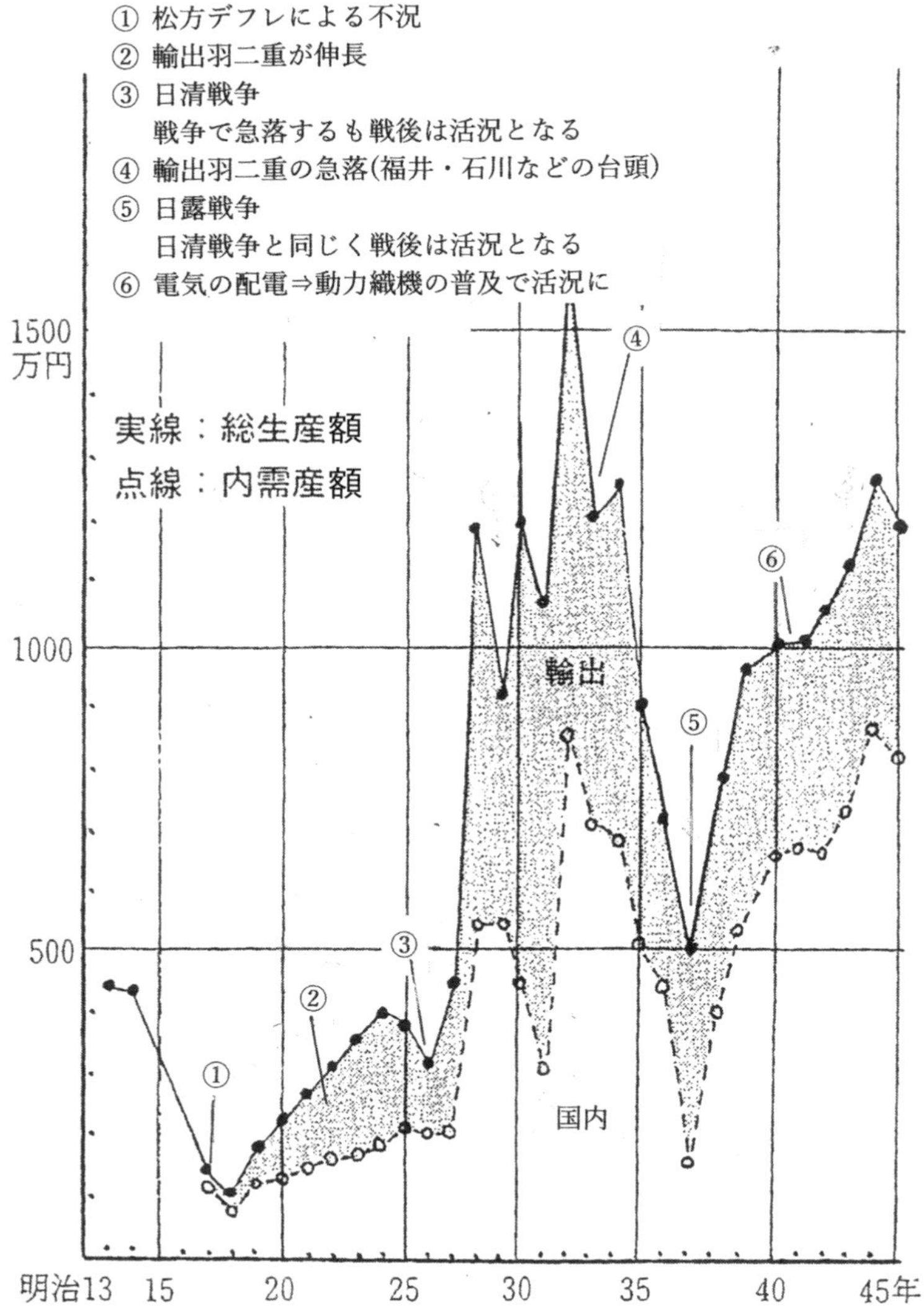
① 松方デフレによる不況
② 輸出羽二重が伸長
③ 日清戦争
戦争で急落するも戦後は活況となる
④ 輸出羽二重の急落(福井・石川などの台頭)
⑤ 日露戦争
日清戦争と同じく戦後は活況となる
⑥ 電気の配電⇒動力織機の普及で活況に
1500
万円
1000
500
実線：総生産額
点線：内需産額
輸出
国内
①
②
③
④
⑤
⑥
明治13
15
20
25
30
35
40
45年

図１　桐生織物生産額の変遷

島（川俣）・山形（庄内）県などへシフトしていった。

いくつかの理由があるが、もっとも大きな理由は気候風土の違いである。桐生の地は北関東に位置し、冬季には赤城おろしの空っ風が吹いて、カラカラに空気が乾燥する。すると、羽二重のような極細の生糸を扱う織物では、発生した静電気で糸切れを起こしてしまう。一方の福井や石川、山形の各産地では冬季も積雪のため空気は湿潤である。

結果、羽二重に関しては産地間競争で桐生は次第に光彩を失っていく。

◇南京（輸入）繻子《しゅす》に対する対抗策――明治二十年から三十年代

もっとも一般的な織物は、経糸と横糸が交互に一対一の割合で織られる平織りである（羽二重などもこの織法）。

繻子織は経糸三（あるいは四とか五）に対し横糸一の割合で織られる。布としての堅牢《けんろう》さは低下するが生糸の性質がより発揮され、光沢と肌触りに優れる。

そのためふつう黒染めにされ、和服や帯の裏地、袖口、襟《えり》元などや寝具の人の肌に触れやすいところなどに使われる。織物の主役ではなく縁の下の力持ち的存在の織物である。それだけに需要は膨大なものがあった。

ところが明治二十年のころまでは、南京繻子と呼ばれた輸入繻子の独壇場であった。日本市場は輸入繻子によって席巻《せっけん》されていた。

輸入繻子は動力織機によって製織され、さらに化学的染色が施され、しかも当時の日本は不平等条約下にあって、関税自主権がなかった。この状況を打破すべく立ち上がったのが、

日本織物株式会社

桐生を代表する豪商佐羽吉右衛門・喜六親子である。

　桐生や足利の機業家、買継商、東京の問屋、呉服商などを出資者として資本金五十万円、輸入繻子を駆逐する目的で「日本織物株式会社」が明治二十年に設立された。

　この会社のプロフィルを箇条書ふうにまとめると次のようになる。

- ほぼ七万平方メートルの広大な敷地に、繻子織物の撚糸・製織・染色・整理という一貫工場。完成品は「織姫繻子」というブランド名で売り出した。
- 輸入動力織機百五十台以上、ブロンズ染というフランスから輸入した染色法を導入。
- 動力は蒸気機関ではなく、渡良瀬川から専用水路を開削し、水力タービンを回して動力源とした。同時に水力発電機も設置し、工場内と地域の照明用に電気を配電した。
■材料の搬入、製品の搬出・出荷は簡易鉄道を設けて両毛線桐生駅と直結した。
■歌舞伎の演目に取り上げて宣伝に力を入れた。
明治二十五年頃には生産も順調に拡大し、輸入繻子を駆逐するに至った。

＊

明治三十九年十二月に海軍三提督一行が訪問視察したのはこの工場で、事務所前で記念の集合写真も撮影された。

あらためて整理すると、桐生、足利、伊勢崎の織物産地は、次のような特色を持つ産地であったと思われる。
■桐生＝高級絹織物産地として栄え、京都西陣に次ぐくらいの地位を占めた。
■足利＝綿織物が主であった。だが紋織物に工夫を凝らし付加価値の高い製品を産みだしていた。
■伊勢崎＝太物織物が主で中級品の織物産地であった。
明治に入っていずれの産地も新しい技術を積極的に取り入れ、子弟の学校教育に力を入れた。西洋化学に通じた技術者を招聘《しょうへい》して染色と織物に関する講習会を開き、それが織物学校に発展していった。

足利では明治年三十年頃に織物学校がいち早く県立工業学校に昇格した。そして校長に京都からフランスのリオンに留学した、染織技術の第一人者近藤徳太郎を招聘した。近藤校長は生涯を子弟教育と足利織物発展のために捧げた。

桐生も同じく町立織物学校から出発し、県立織物学校に昇格して子弟の教育に力を入れた。だが明治時代の後半になると、より高い技術センターと教育を目指し、高等染織学校の設立に向けて誘致活動を行なった。

大正時代に入って桐生高等染織学校（現・群馬大学理工学部）が設立され、その代償であるかのように県立織物学校は伊勢崎に移管されて、県立工業学校に昇格した。

大正から昭和前期にかけてこれらの織物産地は全盛の繁栄期を迎える。

桐生は帯地やお召などの高級品生産を志向した。さらに動力織機にジャガードを乗せて紋織物を織り出し、化学染色法と人絹糸を積極的に導入し、手軽な価格で高級織物を提供して成功した。

足利と伊勢崎は女性のおしゃれな普段着としての銘仙《めいせん》に力を入れた。大正から昭和にかけて女性の社会進出や生活様式の変化などによって、銘仙は爆発的に需要が拡大した。足利や伊勢崎は銘仙の一大産地として大いに繁栄した。

第四章　日露戦争―その一

明治二十七年七月から翌年四月までの日清戦争に勝利した日本は、下関条約によって旅順のある遼東半島の割譲《かつじょう》と賠償金二億両《テール》（＝日本円で三億円）などを得た。

ところが帝政ロシアはフランスとドイツを誘って、「遼東半島を日本の領地とするのは、極東アジアの平和のためにならない」と三国干渉を行ない、遼東半島を清国に返還させた。

まだ国力の小さかった日本は泣く泣く勧告に従ったが、この後「臥薪嘗胆《がしんしょうたん》」を合言葉にして、十年の歳月をかけてロシアに武力で対抗できるよう軍備充実に邁進した。

これらの経過から、日露戦争に至る端緒は日清戦争後のロシアを中心とする三国干渉にあったのだが、ロシア側から見ると少し時間を遡って観察する必要がある。

（1）大津事件

明治二十四（一八九一）年、ロシアのニコライ皇太子が日本を訪れた。皇太子を乗せた御召艦バーミャチ・アゾーヴァ号は四月二十七日に長崎に寄港した。

日本政府はこの未来のロシア皇帝を国賓待遇で迎えた。イギリス留学経験があり、当時の皇族のなかでは外国通であった有栖《ありす》川威仁《たけひと》親王（海軍大佐）を接待係として、入念な接待の準備を行った。

ロシア皇太子はその後鹿児島見物、さらに神戸に入港し、そこから汽車に乗って京都へ向かった。京都見物の翌日は琵琶湖を周遊し、その帰り五月十一日大津で事件は起きた。人力車に乗って移動中、警備にあたっていた滋賀県警察部所属の津田三蔵巡査が、ニコライ皇太子にいきなりサーベルで切りつけたのである。皇太子は頭蓋骨に裂傷が入る重傷を負った。

当時の日本は日清戦争の三年前で、まだ小さな開発途上国に過ぎなかった。それが世界の大国ロシアの皇太子を、警備にあたる日本人警察官が襲って重傷を負わせたのである。ロシアを怒らせたら、どんな報復と無理難題が突き付けられるかわからなかった。日本中がパニックに陥ってしまった。

報告を受けた明治天皇は、すぐに京都に行幸し、お見舞いにかけつけた。皇太子は日本人医師の治療を拒絶し、軍艦内でロシア人軍医の治療を受けた。皇太子には日本中から一万通を超える見舞状と贈り物が届けられた。

ある村では、今後生まれる男の子には三蔵という名前は付けないことを申し合わせた。「申し訳が立たない」と言って自害する若い女性まであらわれた。

日本政府首脳は深く恐懼《きょうく》し、犯人津田三蔵を「すぐに死刑にしろ」と司法当局に圧力をかけた。法律では日本の天皇や皇太子に対しての行為に不敬罪という罪状はあるが、外国の皇族にはそのような法の規定はない。

大審院長児島惟謙《いけん》はこの法に照らして、一般人に対する謀殺未遂罪を適用し、その最高刑である無期懲役刑の判決を下した。この司法の毅然《きぜん》とした判決は海外から高く評価された。日本の司法制度は、三権分立のもとに運用されていると見直された。日本と先進諸国の間にあった不平等条約のひとつ、治外法権が取り除かれる有力な一因となったのである。

幸いなことにこの事件では、ロシアは日本に対して無理難題を押し付けることはなかった。が、皇太子は傷の後遺症から時おり頭痛に襲われたという。そのたびに「黄色い猿（マカーキー）め！」と、この不快な出来事を思い出すことになった。

ニコライ皇太子は予定を変更して東京訪問を取りやめ、ウラジオストクへ向かった。今回の日本訪問は、ウラジオストクで行なわれるシベリア鉄道の起工式に参列する途上の出来事だったのである。

明治二十四（一八九一）年五月三十一日、日本経由でウラジオストクへ着いたニコライ皇太子臨席の下に、シベリア横断鉄道の起工式が行なわれた。ロシア西部の中心地から東の日本海を臨むウラジオストクまで、ユーラシア大陸を横断する九千キロメートルに及ぶ一大鉄道であった。

シベリア地方の植民・開発と極東における軍事力強化を目的とする、帝政ロシアをあげての一大国家プロジェクトである。多くの熟練・非熟練労働者に加えてシベリア流刑の囚人や中国人苦力《クーリー》が動員された。

その建設途上で起きたのが日清戦争である。日本が勝利の結果、旅順にある遼東半島の割譲と三億円の賠償金を得た。

この結果にロシアはすぐに反応した。シベリア鉄道開通後は、清国の満州に進出して大きな拠点を築くビジョンを描いていたニコライ二世（明治二十七年にロシア皇帝に就任）にとって、遼東半島を日本が占有することは、目の上のたんこぶ的存在となり、先々必ず紛争の種になると考えたのである。

三国干渉によって遼東半島は清国へ返還させた。賠償金もフランスなどに拠出させて肩代わりしてやり、清国に恩を売った。その見返りに、密約によってチター（ハルビン）―ウラジオストク間を、清国領土をバイパスして最短距離で結ぶ東清鉄道の敷設権を認めさせた。

さらには日本から返還させた遼東半島を今度はロシアが租借し、旅順に軍港そして背後には難攻不落の堅固な要塞を築き始めた。そしてハルビンから旅順間に、東清鉄道の支線である南満州鉄道を敷設する権利も飲ませて、鉄道で結ぼうとした。

（2）日英同盟

明治三十三（一九〇〇）年、清国で義和団という宗教団体が反乱を起こし、北京に進軍し各国の公使館を包囲する事件が起こる。さらに奉天付近で東清鉄道支線を破壊した。

日英同盟の風刺画

日本を含めた欧米八カ国連合軍が派遣され、天津を攻略、さらに北京を占領した。清国は降伏し、列国との間に講和がなされた。この一連の出来事を北清事変という。

この時の日本軍は列国の中でもっとも派遣兵力が大きく、士気も高くキビキビとして規律正しく頼りになると列国、とりわけイギリスから高く評価された。これが後の日英同盟の伏線となる。

このどさくさに紛れて満州に大軍を派遣し、ハルビンや奉天を占領したのはロシアである。ロシア軍はそのまま居座って、奉天や瀋陽に堅固な陣地構築や築城を開始した。旅順、大連、瀋陽、奉天と満州はほとんどロシア軍の占領状態となった。

ロシアは列国および清国からの撤退要求に対して言を左右にして、一向に撤兵することはなかった。この事態をもっとも憂えたのは日本であり、清国に大きな権益を有するイギリスだった。

だがイギリスは、南アフリカに大軍の陸軍兵力を派遣していたが、ドロ沼の消耗戦となって大いに疲弊していた。この戦争をボーア戦争という。

南アフリカはイギリスの植民地だったが、これを嫌ったボーア人（かつて入植していたオランダ人たちの子孫）は奥地に入って共和国を樹立していた。ところがその奥地で有望なダイヤモンドや金鉱が発見された。

世界一の列強帝国主義国だったイギリスがこれを見逃すはずはない。奥地までイギリス領にすべく陸軍を派遣したが、よく土地に通じていたボーア人たちはゲリラ戦を展開してイギリス軍は苦戦していた。

したがってイギリスは、極東に陸軍を派遣する余裕はなかった。日本を使ってロシア軍の南下を防ぐことを考えた。

かねてからイギリスは栄光ある孤立を国策として、他国と同盟を結ばないことを方針としていた。そのイギリスが東洋の小国日本と日英同盟を結んだから世界が驚いた。同盟成立は明治三十五年二月のことである。

日英同盟は日本とロシアが開戦した場合、イギリスは参戦せず中立を保つ。但し第三国（この場合は露仏同盟を結んでいるフランスが対象）が参戦した場合は、イギリスも参戦するとしている。つまりフランスの参戦を防止することを大きな目的としていた。

もし日英同盟の後ろ盾がなければ、日本は果たしてロシア開戦に踏み切れたかどうか疑わしい。それくらいこの同盟の存在は大きかった。

日本海軍が整備しつつある軍艦は戦艦、装甲巡洋艦、駆逐艦などはほとんどがイギリス製で、いずれも世界最高水準の艦艇である。照準を合わせるため精度の高い測距器などの装備品もイギリス製、戦争になった場合の高品位燃料カージフ炭もイギリスから輸入した。

情報通信分野での貢献はさらに大きい。イギリスは明治三十五年までに世界中の植民地と海底ケーブルが接続されていた。アメリカは植民地フィリピンと接続され、日本もイギリスから海底ケーブル施設船を購入、東京と九州、朝鮮などが繋がれた。すなわち世界の情報センター・ロンドンと東京、そして出先の連合艦隊、陸軍と情報通信網で結ばれていた。

後の開戦後であるが、日露の戦闘結果は、翌日にはロンドンのタイムズ紙やロイター通信などで世界に発表されるという、通信上の条件が整っていたのである。

日本にはロシアとの戦争に必要な資金がなく、外国債に頼るしかなかった。お金が切れたら戦争継続ができず、即敗戦という最悪の結果が待っていた。開戦初期、陸軍も海軍も幸先よく、戦況を有利に進めることができた。これがイギリスやアメリカの一流新聞で好意的に取り上げられ、憂慮した外債の手当がスムーズに調達できたのである。

（3）日露開戦

ロシアは突貫工事でシベリア鉄道の完成を急いだ。だが、バイカル湖周辺の工事が未完成だった。鉄道が完全に開通すればロシア極東軍は大増強できる。そうなれば日本は太刀打ちできなくなる。日本軍の戦争準備とシベリア鉄道開通との時間競争の関係にあった。

日本は陸海軍ともに軍備増強を急いだ。陸軍は常備兵力十三個師団、三十万人。海軍は戦艦六隻、装甲巡洋艦六隻の六六艦隊の整備を目指した。

だが、ロシアは世界の大国だ。人口で当時の日本の三倍、国家予算も陸軍兵力もほぼ十倍だ。鉄鋼の生産量でロシアは百五十万トンに対し日本は数万トンに過ぎない。

海軍も旅順とウラジオストクを根拠地とする太平洋艦隊が、日本の連合艦隊とほぼ同勢力である。ロシアにはもう一セット、より強力なバルチック艦隊があった。両艦隊が合同すれば二倍以上の戦力で日本に勝ち目はない。したがって各個に撃破しなければならない。

日本政府は粘り強くロシアと交渉を重ねた。元老伊藤博文がロシアへ出向いて、「満州はロシアの自由に任せる。日本の朝鮮に対する支配権を認めてほしい」と、満州と朝鮮の支配権交換を持ち出すもロシアは、「満州はロシアが自由に支配する。朝鮮は日本の思う通りにはさせない」と回答するばかりでとりつくしまもなかった。

ロシアの国家政策は、皇帝ニコライ二世一人が決める独裁国家だ。皇帝の側近は対日強硬派で固められていた。「黄色い猿のごときがこの大ロシア帝国に戦争などできるものか」と、日本をまったく侮《あなど》っていた。

明治三十六年の秋に、日本は対露開戦の決意を固めつつあった。それは陸軍と海軍のトップ人事にあらわれた。

陸軍の参謀本部では大山巖参謀総長の下、対露作戦計画を練っていた田村怡与造《いよぞう》参謀次長が急死した。五十歳であった。開戦が迫りつつあった十月一日のことで、おそらくは困難な作戦計画立案の心労が祟《たた》ったのだろう。

山梨県出身だったことから、今信玄と称えられた田村次長の代わりとなる適任者が見あたらなかった。そんな危急の折、台湾総督兼内大臣であった児玉源太郎中将が「わしがなろう」と手を挙げた。

児玉中将は陸軍大臣の経験者であり、親任官の内大臣から勅任官である参謀次長への転任は二階級降格人事にあたる。そんなことにお構いなく児玉は参謀次長に就任した。児玉の次長就任は、参謀総長大山元帥以下参謀本部全員が歓迎する人事であった。

それほど児玉源太郎中将（開戦後まもなく大将に昇進）の作戦能力と人望は高かった。児玉は三宅坂にあった参謀本部に寝泊まりしながら作戦計画の仕上げに没頭した。

一方の海軍である。海軍大臣は山本権兵衛、軍令部長伊東祐亨、第一艦隊（戦艦六隻）司令長官日高壮之亟、第二艦隊（装甲巡洋艦六隻）司令長官上村彦之亟、第三艦隊（巡洋艦・海防艦等）司令長官片岡七郎という布陣であった。

戦時体制になれば第一艦隊司令長官が連合艦隊司令長官となる。衆目の一致するところでは、日高中将がそのまま連合艦隊司令長官になるものと思われた。積極果敢・有能・勇猛、どれをとっても第一級の提督との評判である。

ところが任命権者である山本権兵衛大臣は日高中将を退け、舞鶴要塞司令長官の閑職にあった東郷平八郎中将を第一艦隊司令長官に抜擢《ばってき》した。十月のことで、これには多くの人が驚いた。そして開戦が目前に迫った十二月末に連合艦隊が編成された。

東郷平八郎は十年前の日清戦争時には、「浪速」という巡洋艦の艦長だった。

日清戦争冒頭の海戦で、東郷艦長の指揮する巡洋艦浪速は、イギリス船籍の商船「高陞号《こうしょう》」をいきなり撃沈した。この第一報がイギリスで報じられた時、イギリス世論は激高した。

旅順降伏式後の写真

東洋の一小国の軍艦が大英帝国所有の商船を撃沈するとは何事か、という訳である。イギリス商船高陞号は清国にチャーターされ、清国兵一千百名を朝鮮に輸送する途上にあった。しかも船長および船員は清国兵に脅され自由を奪われていた。

東郷艦長はボートを出して高陞号を臨検した。そして拿捕《だほ》を受け入れるかイギリス船員は退艦するよう指示を出した。だがイギリス船長は行動の自由を失っていた。

東郷艦長は国際法の手順を踏んで何度か警告を発した。そのうえで水雷を発射し撃沈した。イギリス船長および船員は全員救助されている。

後に経過の詳細が明らかにされ、イギリスの著名な国際法学者が「日本の東郷艦長にはいささかの国際法違反はない」と、タイムズ紙に発表するに及んでイギリス世論は沈静化した。

山本海軍大臣は東郷平八郎の沈着冷静な対応と決断力、そして国際法に通じていた点を高く評価し、日露戦争の連合艦隊司令長官に任命したのである。

明治天皇から「どうして東郷を任命したのか？」と下問され、山本海軍大臣は「東郷は運の良い男でございますから」と答えている。山本海相の目に狂いはなかった。その言葉通り、確かに東郷は日露戦争を通じて運とツキに恵まれていた。

こうして陸軍も海軍も開戦時の最高指揮官の人事も決定し、明治三十七年二月に日露開戦に踏み切った。この開戦のタイミングはおそらく最適なもので、日本政府によって考え抜かれたものであろう。

たとえば開戦が一年遅れたら、シベリア鉄道の輸送力は一段と強化され、在満ロシア軍はさらに増強されて、日本はより苦戦を強いられたに違いない。

開戦と同時に日本政府は二つの手を打った。

日本は資金不足による金欠病で、外国からの借金、すなわち外債が得られなければ戦争の継続すらできない。そこで日銀副総裁の高橋是清をアメリカ、イギリスに派遣した。そして外国債を得るよう働きかけを命じた。

日本が大国ロシアに勝利すると考える人は少なかったので、最初は高橋も苦戦したが、日本の有利な戦況が伝えられると資金調達も順調に進んだ。軍資金に関しては危ない綱渡り状態だったのだ。

もう一つの打った手は、前司法大臣の金子堅太郎をアメリカに派遣したことである。金子はセオドア・ルーズベルト大統領とハーバード大学の同級生で、旧知の間柄だった。アメリカ世論に働きかけて日本の立場を理解してもらい、適時に日露講和の斡旋《あっせん》を依頼する目的だった。

(4) 日露戦争経過

以下に日露戦争の推移を年表ふうに記す。

明治三十七年

■二月九日　駆逐艦による旅順艦隊を夜襲。ロシアは油断していたにもかかわらず二隻に損害を与える程度の戦果しかあげられなかった。同日、韓国仁川郊外で露艦隊二隻を攻撃、露艦隊沈没。日露戦争が始まったのである。

■二月〜三月　第一軍(黒木大将)韓国に上陸、直ちに北上開始。

■二月二十四日　旅順艦隊は港内に引きこもって出撃しない。そこで閉塞作戦実施。以下五月三日まで三回閉塞作戦を行なうも目的を達せず失敗に終わる。旅順湾口の狭隘部にボロ汽船を沈めて旅順艦隊を閉じ込めてしまう作戦だった。二回目の作戦では広瀬武夫中佐が戦死している。

■四月十三日　マカロフ旅順艦隊司令長官が日本軍の仕掛けた機雷に触れ戦死。

■四月二十三日　元山沖でウラジオ艦隊により日本の輸送船が撃沈される。

六月には玄界灘で常陸丸が撃沈される。ウラジオ艦隊が活発に活動する。この結果、担当の第二艦隊司令長官上村中将は国民や国会でも非難される。

■五月十五日　逆にロシアが敷設した機雷により、戦艦「初瀬」「八島」が触雷沈没。連合艦隊戦艦六隻のうちの二隻を失った。このピンチに際しても東郷は顔色ひとつ変えなかった。多くの将兵に将器の器の大きさを感じさせた。

■五月二十六日　遼東半島に上陸した第二軍苦戦の末南山占領、死傷者四千人。

■六月四日　第三軍（乃木大将）遼東半島上陸、旅順総攻撃準備する。

■六月二十日　参謀本部が丸ごと満州軍総司令部となり、総司令官大山巌元帥、総参謀長児玉源太郎大将、参謀スタッフも満州で陣頭指揮を執ることになった。

■八月一日　旅順艦隊がウラジオストクを目指して出撃し、黄海《こうかい》海戦が生起した。連合艦隊は「丁《てい》字戦法」で臨んだが、旅順艦隊にすり抜かれてしまい、もう少しで取り逃がすところ間一髪追いつき、一弾が旗艦ツェサレーヴィチの司令部を直撃した。ヴィトゲフ司令官戦死し、操舵手が舵輪を巻き込んだまま戦死、旗艦は急旋回を繰り返す。旅順艦隊は支離滅裂状態となって、辛うじて旅順港に逃げ込む。

■八月十四日　旅順艦隊に呼応してウラジオの巡洋艦隊も出撃、これを上村中将の第二艦隊が韓国蔚山沖で捉え、装甲巡洋艦一隻を撃沈、ウラジオ艦隊は戦力を失った。上村司令長官は海に投げ出されたロシア将兵六二七名を救助した。

■八月二十四日　ロシア、バルチック艦隊を太平洋に派遣決定。

■八月十日　第一回旅順総攻撃。一万五千人の死傷者を出して攻撃失敗。旅順要塞は日本軍の想像を超えた堅固さで、この攻撃ではビクともしなかった。
■八月二十六日　瀋陽会戦。日露の第一次総力戦に日本陸軍が勝利した。
■十月十五日　バルチック艦隊バルト海のリバウ港を出港。
■十月二十六日　旅順第二回総攻撃も失敗に終わる。死傷者五千人。
■十一月二十六日　旅順第三回総攻撃激闘苦戦の末、十二月五日二〇三高地占領。これにより砲撃で旅順艦隊無力化。連合艦隊は旅順港封鎖を解く。

明治三十八年
■一月一日　旅順のロシア軍降伏。
■一月二十二日　ロシア軍の攻勢。黒溝台の戦い、日本軍苦戦するも辛うじて守り切る。
■三月一日　奉天会戦始まる――三月十日　日本軍奉天占領。
■三月十六日　バルチック艦隊、マダガスカル島ノシベを出発。
■四月十四日　バルチック艦隊、ベトナムカムラン湾到着。五月十四日出発。

三月十日に奉天会戦に勝利したものの、それは奉天城を占領しただけで、ロシア軍に決定的ダメージを与えたわけではなかった。日本軍は下級将校を含めた兵員の損耗が大きく、砲弾も補給も尽き、これが攻勢の限界だった。

一方のロシア軍は余裕を残しての後退だった。総兵力で勝り、時間が経てばシベリア鉄道で補強される余力があった。日本軍はこれ以上の継戦は困難だった。満州軍司令部の総参謀長児玉源太郎大将は秘かに帰国し、「日本軍の戦力は尽きた。すぐに和平交渉をすべし」と、大本営の首脳部に働きかけた。

しかしロシア軍はまだ敗けたとは思っていない。奉天を後退したのは戦略的後退であり、バルチック艦隊が日本海軍を撃ち破り、日本の海上補給路を断って戦力を枯渇《こかつ》させ、そのうえで陸上決戦を行ない、一挙に逆転して最後に勝利すると考えていた。

第五章　日露戦争—その二

日本海海戦は対馬東方沖が主戦場となった。日本では日本海海戦と呼ぶが、海外では「対馬沖海戦」の呼称が一般的である。

地図を広げて見ると、朝鮮半島の南端にある釜山と九州福岡県の間が最短距離の狭隘部にあり、その中間に浮かぶのが対馬である。またこの島が、東シナ海と日本海の境界線の位置にある。地政学上対馬は海上交通の極めて重要な要衝にあった。

日本海海戦の四十年余り前、幕末期の文久二（一八六一）年、ロシアの軍艦「ポサドニック号」が対馬に来航し、船が難破し修理が必要なことを理由に、勝手に上陸して兵舎や修理工場、練兵場などの建設を始めた。

地元の対馬藩や幕府が抗議しても「蛙の面に小便」のたとえ通り、ロシアは厚顔《こうがん》にも事実上の占拠状態を続けた。幕府の外国奉行小栗上野介が直接交渉に出向いたが、ロシアの占拠状態を変えることはできなかった。

この日本の窮状を救ったのはイギリス海軍である。ロシアに対馬を占領されることをイギリスは恐れた。イギリスは東洋艦隊の軍艦二隻を対馬に派遣し、示威行動を行ないながら、ロシア側に対して猛抗議した。

ロシアはさすがにイギリスと事を構える不利を悟り、やむなく退去した。もし日本単独であったならば、ロシアを退去させるのは難しかっただろう。

対馬がロシア領となっていたら、その後の経過からみて、中国の遼東半島、満州、朝鮮までロシア領となっていた可能性は高く、日露戦争そのものが成り立たなかったのに違いない。

（1）日本海海戦

その因縁の対馬沖で、日露大艦隊が激突する運命の、日本海海戦の日を迎えた。明治三十八年五月二十七日である。

ロシアバルチック艦隊の司令長官はロジェントウェンスキー中将である。思えばロシア本国のリバウ港を出港したのは前年の十月のことである。バルト海から大西洋に出て一路南下、アフリカ最南端の喜望峰を回って、インド洋から東シナ海へと七カ月かけてここまで艦隊を引っ張ってきた。

航路の要地はほとんどイギリスの支配下にあった。イギリスは日英同盟に従って港への寄港を許さず補給も支援しない。同盟国フランスはイギリスからの圧力を受けて積極的な支援ができなかった。

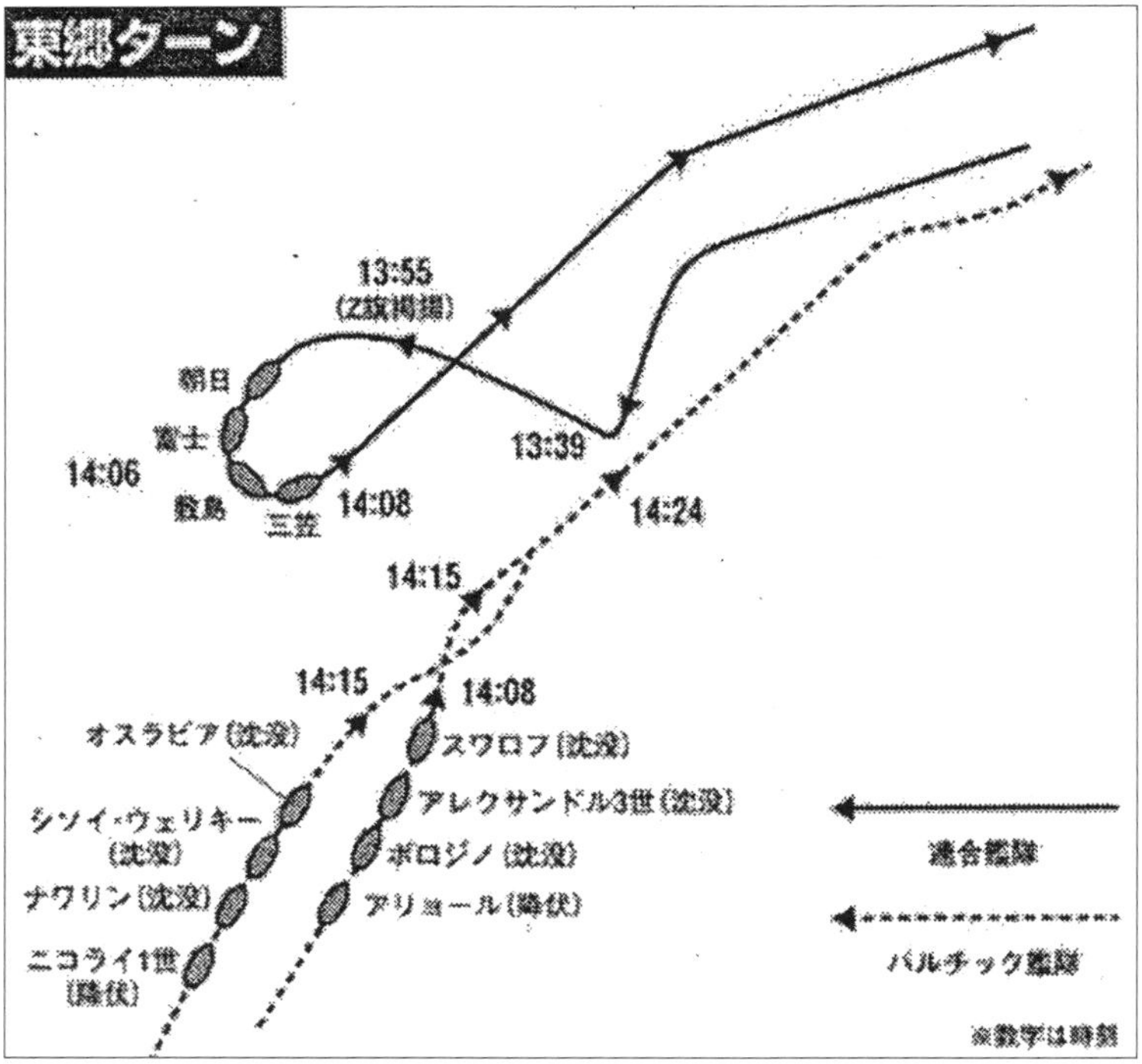

日本海海戦での敵前東郷ターン

乗組員は上陸も休養もできずに炎熱の悪環境の航路に耐えてきた。じつに苦難に満ちた航海であった。

さていよいよ日本艦隊との決戦だという時、ロジェントウェンスキー司令長官は日本の水雷艇による夜間攻撃を恐れて、白昼日本艦隊との砲戦を交えつつ、一路ウラジオストクへの強行突破作戦を考えていた。

一方、日本の連合艦隊はバルチック艦隊を全滅させる。一隻でも逃してウラジオストクへ入港を許したら、戦争は敗けだと覚悟を決めていた。そのため七段構えの攻撃を準備していた。

最後まで悩まされたのはバ艦隊（以下バルチック艦隊をバ艦隊と略式表記する）の航路である。九十パーセント以上最短コースである日本海を通ると確信していたが、戦争だから何が起こるかわからない。敵の裏をかく奇策の選択もあるのである。

日本海を通るとみせかけて太平洋を迂回して、津軽海峡または宗谷海峡を通るコースだってあり得ないことではない。このコースをとられたら撃滅は困難だろう。

前日の二十六日になって、バ艦隊の給炭船六隻が上海へ入港したとの一報が入った。太平洋航路なら給炭船を引き連れて進まなければならない。これで航路は日本海コースで間違いないと確定できた。

運命の二十七日の夜が明けようとしていた。

見張りの任務にあたっていた仮装巡洋艦信濃丸から、「敵艦隊らしき煤煙《ばいえん》見ゆ」と午前四時五〇分に一報が入る。夜が明けるにつれてバ艦隊の全容が見えてきた。続いて、

「敵艦隊見ゆ、二〇三地点」

「敵艦隊十五隻以上目撃す」

と、続報が入る。

イタリアのマルコーニが無線通信の原理を発明してから十年足らず、日本海軍は三六式無線電信機を完成させ、主要艦艇すべてに配備していた。

■六時〇〇分　連合艦隊は朝鮮半島鎮海湾にあった泊地を出撃した。

旗艦三笠より大本営宛に「敵艦隊見ゆとの警報に接し、連合艦隊は直に出動、之を撃滅せんとす。本日天気晴朗なれども波高し」と打電した。

やがて数時間経過、両艦隊はお互いの姿が視認できるまで接近した。

■十三時五十五分　両艦隊距離一万三千メートル。旗艦三笠のマストにZ旗がスルスルと揚がった。

「皇国の興廃《こうはい》この一戦にあり、各員一層奮励努力せよ」

司令長官東郷大将はツァイスの双眼鏡を肩にかけ、艦橋に立って敵艦隊を睨《にら》んでいる。だが、そこは露天であり装甲防御がなされていない。直撃弾はもちろん至近弾でも重傷を負ってしまう危険な場所である。

長官が離れない以上、加藤友三郎参謀長以下の参謀陣も同じ艦橋にいなければならない。だがそれはあまりにも危険に過ぎる。一弾が命中すれば連合艦隊の指揮系統が全滅してしまうことになる。それで協議のうえ、司令塔内などに分散して配置することにした。東郷大将は、自身は戦死覚悟で陣頭指揮をとっていた。

■十四時〇五分　敵を南微東に距離八千メートル。東郷大将の右手がさっと一旋した。「取舵いっぱい」と左旋回を命じた。三笠に続く敷島以下の戦艦群が回頭した。

この時点でバ艦隊は砲撃を開始した。

■十四時十分　距離六千四百メートル。東郷は初めて発砲を命じた。バ艦隊は旗艦スワロフ、オスラビアを先頭にして二列併進のような陣形で進んでいる。第一艦隊は回頭を完了した艦から発砲を開始した。砲弾はバ艦隊の先頭艦に集中した。

距離八千メートル、砲撃範囲内での敵前回頭はきわめて危険な選択であった。回頭点では速度は減速され、同じ一点で回頭することになる。そこを狙い撃ちされれば被弾の確率は高いのである。事実、先頭艦三笠にはかなりの命中弾があった。

東郷は戦死を覚悟している。最悪三笠も沈没するかもしれない。でもバ艦隊を撃滅するぞ、心に決めて陣頭指揮している。

日本の連合艦隊は、拙戦を演じた前年八月の黄海海戦（ラッキーな一弾で勝つには勝ったのだが）から多くの戦訓を学び、訓練を積んでこの日に備えていた。

その一つが丁字戦法の改良である。敵艦隊に戦意が薄く逃げようとする場合に、丁字戦法は取り逃がす確率が高かった。それで今回は敵の頭を押さえつつ、同行戦で砲戦を開始した。バ艦隊との交差角度三十度程度である。

連合艦隊の速度は十五ノット、バ艦隊は十一ノット程度である。連合艦隊は艦体が完全に整備され、燃料の石炭も無煙のイギリスから輸入した良質のカージフ炭、これに対してバ艦隊は艦底には牡蠣《かき》殻などがついてスピードが出ない。

この有利な隊形だと、日本艦隊は片舷にある全砲火を敵の先頭艦に集中できるのに対し、バ艦隊は艦の前方の砲しか発砲できない。

もう一つの改善は砲術方式に関するものである。それまでの戦艦の発砲は、各砲塔が独立して狙いと照準を定めて発砲していた。これを独立撃ち方という。この方法だと観測位置が低いし、砲撃の煤煙などで視界が開けないなどの障害があり、命中率が上がらないことがわかった。

そこで一艦の砲撃は、その艦の砲術長が艦橋にある高い位置から距離を計測し狙いと照準を定めて、砲術長の指示の下で砲撃する撃ち方に統一する方式にあらためていた。この砲撃方式を一斉撃ち方という。

■十四時二十分　両艦隊の距離五千メートルに近接する。

■十四時二十七分　バ艦隊被害続出状態となった。

■十四時五十分　スワロフ、オスラビア甲板上、艦内至るところで火災発生。

日本艦隊の砲弾は下瀬火薬と伊集院信管で統一されていた。この砲弾は装甲甲板に対する貫通力は弱いが、高温火災が発生し何もかも焼き尽くしてしまう焼夷性能が圧倒的に高かった。日露両艦隊の海戦の大勢は最初の三十分で勝負がついた。

■十四時五十五分　旗艦スワロフが急な右回頭を行なった。この時、実は司令長官のロジェントウェンスキーは重傷を負い、舵に故障が起きていた。

この時点で、日露両艦隊の動きに少しの混乱が生じた。旗艦スワロフが舵の故障のため右回頭を行なった。

続く二番艦アレクサンドル三世艦長ブフウォトフ艦長は、舵の故障によるものと判断し、東南東進路を堅持した。そのアレクサンドル三世も集中砲火を浴びて列外に出た。後を引き継いだボロジノ艦長セレーブレンコニフ大佐は左に回頭し北へ変針、第二艦隊の後ろをすり抜けようとした。

日本艦隊に混乱が起きた。第一艦隊は旗艦スワロフに対して優位を保とうと、左八点一斉回頭を指示した。ところが第二艦隊上村中将と作戦参謀佐藤鉄太郎中佐は、敵旗艦の舵故障を見抜き、第一艦隊に従わず独自行動に出た。いわゆる独断専行を行なった。

第二艦隊は一万トンクラスの装甲巡洋艦六隻である。主砲も戦艦に比べて口径が小さく、装甲の厚さも薄い。まともには戦艦と撃ち合えないが、この時にはバ艦隊は相当のダメージを受けていて射撃もままならず、日本艦隊有利に戦況が進んだ。

第一艦隊は一時バ艦隊と離れてしまったが、一時間後の十六時には距離六千メートルに近づき、再び砲撃に加わった。この時点では砲戦は一方的なものとなっていた。集中砲火を浴びて列外に出た露艦は、日清戦争時に活躍した二線級の砲艦に攻撃された。

十九時一〇分　夕闇が迫って三笠はこの日の砲撃を中止した。

夜間になると駆逐艦と水雷艇の魚雷攻撃が行なわれた。

翌二十八日は残敵掃討戦となった。結局終わってみれば連合艦隊の一方的な勝利、完勝に終わった。

バルチック艦隊　沈没二十一隻（戦艦六隻、他十五隻、自沈含む）

被拿捕六隻、中立国で抑留六隻
ウラジオストク到達は中小艦三隻のみ
兵員　戦死四八三〇名、捕虜六一〇六名

連合艦隊

損失　水雷艇三隻沈没
戦死　一一七名、戦傷五八三名

（2）ポーツマス（日露講和）条約

日本海海戦の勝利を受けて六月一日、日本政府は高平駐米公使を通じて、アメリカのセオドア・ルーズベルト大統領に日露講和の斡旋を申し入れた。米大統領は六月九日、日露両国に講和勧告文を渡した。

陸上戦闘では辛うじて勝利を収め続けたとはいうものの、ロシアの領土は寸分も奪っていなかった。そこで陸軍は講和に有利な状況をつくるべく、七月四日第十三師団を樺太（カラフト、現ロシアのサハリン）へ上陸させ、月末までに全島を占領した。

八月十日を第一回の講和交渉として、アメリカ北東部のポーツマスで日露講和会議が行なわれた。九月五日に日露講和条約が調印されるのであるが、その前後に並行して別の二つの国際会議も進められた。

▪七月二十九日　桂（日本の首相）・タクト（米陸軍長官）協定

この協定の主眼は、アメリカはフィリピンの支配権、日本は韓国の支配権を相互に認め合うというものだった。

▪八月十二日　第二次日英同盟協約成立

ロンドンで調印されたものだが、内容は韓国における日本の優越権を英国は認め、同盟の適用範囲をインド洋まで広げた。日英同盟は一段と強化されたのである。背景としては、ドイツの軍事面での著しい台頭《たいとう》があり、ヨーロッパでの緊張が高まっていた。

この二つの協約、協定の成立により、日本は韓国への支配権を強め、併合へとつき進んでいくことになる。日清戦争後の三国干渉の失敗に鑑み、第三国から干渉を受けないよう、あらかじめ手順を踏んだのである。

日露講和交渉はお互いに厳しい応酬となったが、両国とも苦しい内輪の台所事情を抱えていた。その手の内を隠しながらの外交戦であった。

日本は海上の戦いではロシアの艦船をすべて撃滅していた。だが、陸上戦闘では国力を使い果たしていた。ロシアが再度奉天へ攻め込んできたら跳ね返せるかまったくわからなかった。たぶん押し返す力はなかったであろう。

ロシアの致命的弱点は本国の治安が揺らいできたことである。帝政ロシア国家体制が危なくなってきつつあったのである。ロシア各地で反政府デモやストライキが頻発していた。

■一月二十二日　ロシア首都ペテロブルグで血の日曜日事件が起こった。

旅順陥落直後の一月二十二日、首都ペテロブルグでニコライ二世に対して労働者の権利、待遇改善などの経済的要求と、立憲政治の実現、日露戦争の停止などの政治的要求を掲げた請願が実施された。数万人に膨れ上がった民衆は各所で軍の守備隊に阻止された。民衆たちは武器を持っていなかったが、軍当局は発砲して千人程度の死者が出た。

■六月二十七日　ロシア黒海艦隊の戦艦ポチョムキンで水兵による反乱が起きた。

黒海艦隊の新鋭戦艦ポチョムキンにおいて、腐肉のスープに抗議した水兵が将校に射殺されるという事件が起こった。水兵たちは反乱を起こし、将校たちを監禁して艦を乗っ取った。そして赤旗を掲げて出港、ゼネラルストライキの行なわれていたオデッサ（現ウクライナのオデーサ）に入港した。

日本政府は日露講和交渉にあたり、講和成立のための条件を絶対に譲れない条件甲と、うまくゆけば獲得したい条件乙に分けていた。

■絶対条件「甲」――絶対に譲れない必要条件

①　韓国に対する日本の支配権　②日露両軍の満州からの撤兵　③遼東半島の租借権と南満州鉄道の譲渡、の三点である。

■十分条件「乙」――なし得れば獲得すること
① 軍費の賠償 ②中立港に逃げ込んだロシア軍艦の引き渡し ③樺太の割譲 ④沿海州沿岸の漁業権獲得

日本の全権大使は外務大臣の小村寿太郎、ロシアはウィッテである。ウィッテは老獪《ろうかい》な外交家である。両者の間では賠償問題と領土割譲が最後まで揉めた。

日本は過去一年半の日露戦争で、ほぼ国家予算の四倍に相当する二十億円の戦費を使っていた。十六億円ほどが内外国債によるもので、半額に相当する八億円は外国債である。

もし講和が成立せず戦争継続となれば、一年間であらたな兵員二十五万人と戦費十五億円の準備が必要（児玉源太郎大将見込み）だったが、それは不可能だった。

日本のマスコミ（新聞）はほとんどすべて連戦連勝、「勝った」「勝った」の大勝利ばかりを伝えてきた。一つの辛勝を「大勝利」として号外（無料）を出すと、翌日の新聞は飛ぶように売れた。各紙ともそうやって戦果を煽《あお》ることで発行部数を増やしてきた。

今回の日露交渉にあたって、最低でも「二十億円」の賠償金獲得、うまくいけば「三十億円」の賠償金が得られると、無責任な数字が紙面で踊っていた。日本の国力や補給が尽きて戦争継続ができない、という真相はどの新聞も取り上げていなかった。

ウィッテは記者会見を何度も行ない、アメリカのマスコミを利用して「日本はお金のために戦争を望んでいる」と、アメリカ国民の世論に訴えた。

結局のところ、日本政府が想定していた絶対条件「甲」はすべて日本の主張通りとなり、樺太島の半分（南樺太）は獲得でき、漁業権も認められた。

こうして九月五日、日露講和条約（ポーツマス条約）は締結された。全権代表小村寿太郎は粘り強く交渉し、公平に見て日本外交の勝利といっていい結果だった。この講和を斡旋し、まとめた米ルーズベルト大統領は、この功績によって翌年ノーベル平和賞を授与された。

だが日本国民と世論は、この講和条約の内容に納得できなかった。というより賠償金が取れなかったことに激高し、憤慨した。調印が行なわれたこの日、その内容が日本に伝えられると、東京日比谷公園内に講和反対の国民大会が開かれ、開会後、集まった数万人の群衆は政府高官邸や政府系の国民新聞社を襲撃した。怒りの矛先は全権大使の小村寿太郎や仲介の労をとったアメリカにも向けられた。

さらに暴徒化した群衆は交番・電車・キリスト教会などを焼き討ちした。翌六日、東京市と府下に戒厳令が布かれ、軍隊と警察が出動して暴徒の鎮圧にあたった。講和に対する反対運動は全国に広がった。

そんな中、ルーズベルト大統領の意向を受けて、アメリカの鉄道王ハリマンが来日した。ハリマンは日本の外国債購入にも貢献してくれた恩人でもある。日本の桂首相と会談し、南満州鉄道の日米共同経営を規定した「桂・ハリマン覚書」が申し合わされた。

だが、帰国した小村寿太郎外務大臣が反対したため、桂・ハリマン覚書は反故《ほご》にされた。先の日比谷焼き討ち事件といい、首相が了解した覚書が廃棄されたことといい、アメリカの日本に対する不信感は急速に拡大した。

アメリカはかねてから中国や満州に対する機会均等を強く訴えていた。ところが日本が行なったことは講和条約で獲得した権益を独占しようというものである。

この頃から日米関係に大きな不信感と亀裂《きれつ》が入るようになった。カルホルニア州では日本移民の禁止や学童の学校からの排除が行なわれるようになった。

（三）連合艦隊解散式

話を元の海軍のことに戻そう。

連合艦隊の各艦艇は日本に凱旋《がいせん》した。佐世保に寄港していた旗艦三笠が、講和条約成立を見届けたタイミングの九月十一日、突如として火薬庫の爆発事故を起こして沈没してしまった。原因は不明だった。

死者行方不明者三百三十九名だった。東郷平八郎司令長官は本当に運のよい提督だった。上陸していたため無事だったのである。

この年の十二月二十一日、戦時編成の連合艦隊を解散し、平時編成に戻すことになり、その解散式が東京湾で行なわれた。訓示の書面は東郷の筆になるものだが、文面は作戦参謀だった秋山真之中佐が起草したもので、「連合艦隊解散の辞」と称された。

「二十閲月の征戦已に往時と過ぎ、我が連合艦隊は今や其の隊務を完了して茲に解散する事となれり。然れども我等海軍軍人の責務は決して之が為に軽減せるものにあらず……」の件《くだり》に始まり、日露戦争と歴史をひも解きつつ国家における海軍の大事を説き、平時における海軍や海軍軍人のあり方について指し示し、有事に備える心構えの重要さを示している。そして最後は、「……古人曰く勝って兜《かぶと》の緒を締めよ」と結んだ。

アメリカのルーズベルト大統領はこの訓示に感銘を受け、その英訳文をアメリカ海軍の将兵に配布した。

この連合艦隊解散式を以て東郷平八郎大将の日露戦争は終わった。即日連合艦隊司令長官の任を解かれ、海軍軍令部長となった。軍令部長だった伊東祐亨大将は軍事参議官に、上村彦之亟中将は横須賀鎮守府長官に就任した。

長い間海軍省の中枢にあって、明治海軍を築きあげることに尽力した山本権兵衛海軍大臣も軍事参議官となって勇退し、後任は次官の斎藤実《まこと》中将が引き継いだ。

海軍上層部の人事は一新し、日露戦後の新しい時代に入った。

なお、連合艦隊とは戦時、または演習時の特別編成であったのだが、第一次世界大戦後の大正十二年から常設の通年編成となった。連合艦隊司令長官は、優秀な海軍士官の誰もが憧れる最高のポストであった。

連合艦隊旗艦「三笠」

＊

ところでの話である。

日露戦争は、日本海海戦を除けば危ない綱渡りのような勝利、文字通りの辛勝であった。作戦や装備、補給の失敗も少なくはなかった。ロシア軍の失敗はそれ以上に多かったので助けられた面も多々あった。

日露戦争が勝利に終わると、陸海軍将官の多くの者が戦功により、栄爵あるいは陞爵《しょうしゃく》の栄誉に与《あずか》った。華族として子女は学習院に学び、希望すれば貴族院議員になることもできた。立身出世によりいわゆる上級国民になったのである。

すると何が起こったか？

戦史編纂の過程で作戦の失敗は隠され、作戦の妙による勝利は美化された。さらに、軍人の後輩たちは「やはり軍人は戦争があって戦功をあげさえすれば出世する」という、誤った風潮が広がってしまったことではないだろうか。

連合艦隊解散式で東郷大将が訓示した「勝って兜の緒を締めよ！」は、勝利を戒める時機にかなった名言だと思うが、陸海軍の軍人たちや政治家はどのように兜の緒を締めたのであろうか？

次章以下でそれを見ていくことにしよう。

第六章　戦艦建造の自立化

この章では日本の軍艦、とりわけ主力艦である戦艦の自国建造の過程について見ることにする。当然のことであるが、戦艦とはいってみれば鉄（鋼）の塊《かたまり》の艦船である。自国で戦艦を製造するとなれば、その前提として十分な鉄の生産がなされなければならない。

古来より行なわれてきたのは「たたら製鉄」である。日本では鉄鉱石より砂鉄が豊富だったので、砂鉄を原料にして日本刀などの武具が生産されてきた。

（1）日本の近代的製鉄

▪第一期　反射炉による製鉄

江戸時代後期になると日本近海に外国船の出没が増え、海防の必要性が問われるようになった。外国船に対抗するには精度が高く飛距離の長い洋式砲が必要とされたが、従来の日本の鋳造《ちゅうぞう》技術では大型の洋式砲を制作するのは困難であり、外国式の融解炉（反射炉）が求められることになった。外国から技術を移入するのは困難な時代であり、伊豆韮山《にらやま》代官の江川英龍（太郎左衛門）、佐賀藩の鍋島直正などが、オランダの技術書などを参考に反射炉をつくり始めた。

江戸時代末期には、多少の技術水準の差はあったものの伊豆韮山、薩摩藩、佐賀藩、水戸藩、萩藩、島原藩などでは大砲製造のための反射炉が稼働していた。

■第二期　釜石鉱山田中製鉄所

明治十三（一八八〇）年、鉄鉱石が産出された岩手県釜石に官営の製鉄所が建設された。だがうまく操業ができずに明治十六年に廃業した。製鉄所を管轄する工部省は、政府御用達の金物商であった東京の田中長兵衛に工場施設を払い下げた。

田中長兵衛の命を受け、娘婿の横山久太郎が責任者として釜石に赴任する。官営時代からの技術者や従業員とともに、製鉄を試みるが何度試してもうまくいかない。度重なる失敗によって資金も底をつき、従業員を解雇せざるを得ない事態にまで追い込まれた。

従業員たちはあきらめきれず、「家族に食べさせる食料があれば賃金はいらない。どうかもう少し続けさせてほしい」と懇願した。それまで不良として使われなかった鉄鉱石も投入して試したところ、四十九回目の挑戦によって、ようやく鉄が途切れることなく流れ出るようになった。明治十九年十月十六日のことで、この日が後に釜石製鉄所の創業記念日となった。

翌明治二十年、正式に釜石鉱山田中製鉄所として本格的に稼働した。初代所長に横山久太郎が就任し、日清戦争の明治二十七年には年産一万五千トン、明治三十年代には三万トン程度まで生産を拡大させることができた。

■第三期　官営八幡製鉄所

建設途上の八幡製鉄所（明治33年）

日清戦争に勝利した日本は、明治二十八（一八九五）年に製鉄事業調査会を設置し、翌二十九年に製鉄所官制を発布した。翌三十年に九州福岡県八幡村に製鉄所の着工を行なった。建設資金には日清戦争の賠償金の一部が充《あ》てられた。

八幡村を選んだのは、材料となる石炭が近くの筑豊炭鉱から大量に供給できたこと、水運や鉄道の利便性が高かったことなどによる。

設計と技術指導はドイツの会社（グーテホフヌンクスヒュッテ－GHH社）に依頼し、明治三十四（一九〇一）年二月に工場は竣工、すぐに火入れ式が行なわれた。

だが、結果はうまくいかなかった。コークス炉がなく、鉄鉱石も石炭もドイツとは異なった性質のものだったことが原因らしい。計画した操業成績をあげることができず、赤字が膨れ上がり、ついには操業停止に追い込まれた。

明治三十七年には日露戦争が始まった。だが肝心な八幡製鉄所では鉄の生産ができないでいた。コークス炉の完成に伴い、四月六日に第二次火入れを行なうも、わずか十七日で再び操業停止に追い込まれてしまった。

度重なる失態に、釜石の田中製鉄所顧問で、元東京帝国大学教授の野呂景義《かげよし》に原因調査が依頼された。野呂は炉内を高温に保つために高炉の形状を改め、操業方法も改善することを提案、これを受け入れ翌明治三十八年二月、第三次の火入れを行なったところようやく成功、順調に操業と生産は進んだ。

安定的な操業までに苦節十年の歳月が流れた。翌年二月には東田第二高炉も完成、銑鉄の生産は二倍となった。

以後、鉄需要の急拡大に伴い、第一期拡張工事（一九〇六年～一九一〇年）、二期、三期と次第に拡張され、日本の重工業発達、軍艦製造の基幹工場となっていく。

官営八幡製鉄所が本格的に立ち上がり、良質の鋼材が大量に生産できるようになって、初めて国産の戦艦が製造できる基礎的な体制が整った。

（2）「筑波」「生駒」の建造

ここで話を戦艦建造の本題に入る。

日露戦争の主力艦は戦艦六隻、装甲巡洋艦六隻、さらに開戦直前にイタリアの造船所でアルゼンチン向けの装甲巡洋艦二隻があり、それをイギリスの斡旋《あっせん》により日本で買うことができた。

このイタリアから購入した装甲巡洋艦「日進」と「春日」は、後に第一艦隊に配属され、旅順封鎖作戦で触雷沈没した「初瀬」「八島」の代役を務めることになった。

戦艦六隻はすべてイギリス製である。明治三十五年に竣工した三笠・敷島がもっとも新しく、最新最強の戦艦に位置づけられ、当時の戦艦の世界スタンダードであり「基準戦艦」と呼ばれた。これらの主力艦はすべて外国製で、日本で製造できたのは中小の補助艦艇に過ぎなかった。

日露戦争の開戦にあたり、海軍首脳部はかなり慎重に万全の手を打って臨んでいる。何しろロシアの海軍勢力は太平洋とバルト海に二分されてはいるものの、合わせると日本艦隊の二倍の戦力を持っている。

途中で損害を受けて沈没、あるいは損傷を受けた場合を想定して二つの対策を講じていた。ひとつは新たな戦艦の建造をイギリスに発注したことである。性能仕様（スペック）は三笠型とほとんど同じ十二インチ（三十センチ）四門だが、三笠が四十口径に対し、新戦艦は四十五口径であった。口径とは砲弾の直径に対する砲身の長さのことで、一割ほど長くなりその分威力が増した。

この新戦艦は「鹿島」「香取」と名付けられ、日露開戦間もない明治三十七年二月と四月にイギリスの造船所で起工された。

もうひとつの対策は、日本国内で修理または建造する場合に必要な材料、すなわち装甲甲板や砲身と砲塔の材料を、イギリスやアメリカから輸入して準備しておいたことである。これらの鋼材はまだ自国で生産することができなかった。

旅順封鎖作戦では明治三十七年五月十五日の作戦行動で、ロシアの敷設した機雷に触れ、日本の戦艦「初瀬」と「八島」の二隻が相次いで沈没してしまった。戦艦六隻のうちの二隻で三十三パーセントの喪失である。

戦艦を建造するには当時としては、ふつう起工から就役まで三年くらいの期間が必要とされていた。この時間を縮めて何としても戦争に間に合わすことができなければ、日本は滅びてしまう。

悲壮な覚悟で、日本海軍は国内での主力艦建造を決意する。それまで国内の造船所では四千トンクラスの砲艦を建造した経験しかない。それが一万トンを超える大艦を建造するのである。八幡製鉄所の本格稼働が建造を後押ししたことは間違いないだろう。

決定されたスペックは三笠型戦艦と同等の砲力を備え、装甲を少し薄くして巡洋艦並みの快速の艦艇とした。主砲強化型装甲巡洋艦というべきものであった。

新しい発想によるスペックで、この種の戦艦並みの攻撃力と巡洋艦並みの快速を兼備した軍艦は、後に巡洋戦艦というカテゴリーの艦種となる。

呉工廠の造船台で起工されたのは明治三十八年一月十四日のことで、「筑波」「生駒」と名付けられた。何としても戦争に間に合わせねばと、工員たちは昼夜兼行の突貫工事で建造にあたった。

筑波・生駒の建造が順調に進んだことに自信を深めた海軍は、三笠を上回る砲力強化型戦艦の建造に取りかかる。それが「薩摩」で日本海海戦の二週間前に起工された。

薩摩は三笠型をベースにしつつ、攻撃力を大幅にアップした戦艦として企画された。艦首尾に装備された連装四十五口径十二インチ主砲四門は同じであるが、側方の副砲が三笠が単装六インチ砲十四門（片舷七門）に対し、薩摩は準主砲ともいうべき連装十インチ砲十二門（片舷六門）と大幅に強武装化されている。このため艦重量が大幅に増えて二万トン近くになった。

日本海軍は薩摩と筑波がコンビを組めば、三笠・出雲の現艦隊に比べて大幅に強力な艦隊を構成できると考えたのだ。

「筑波」「生駒」の竣工を経て、「薩摩」の完成をもって日本海軍の造艦は、最強の基準戦艦の製造技術レベルをキャッチアップしたということができよう。いや、できるはずだった。

（3）日本海海戦の戦訓

だが、日露戦争の海戦の戦訓を冷静に観察し、次世代の戦艦建造に生かそうと考えていたのは、日本海軍だけではなかった。同盟国のイギリス海軍である。

ヨーロッパではドイツが陸軍だけではなく、海軍の大拡張に乗り出していた。ドイツ皇帝ヴェルヘルム二世に抜擢《ばってき》され、一八九七（明治三十）年に海軍大臣に任命されたティルピッツ提督は多数の戦艦を建造する大建艦計画を宣言し、その実現に邁進した。当時ドイツは工業生産力の伸張著しく、イギリスを抜いてアメリカに次ぐ世界第二の工業国となっていた。

イギリス海軍は否応なしにその対策を迫られていた。イギリス海軍のフィッシャー提督は、新型戦艦のあるべき姿を検討するプロジェクトチームを立ち上げていた。

そこで日本海海戦の日本連合艦隊圧勝を目の当《ま》たりにし、そこから戦訓をくみ取ろうと検討と分析が加えられた。

日本海海戦から得られた戦訓とは、次の三項目に要約できるだろう。

① 装甲された最新型戦艦であっても、戦艦の主砲だけで撃沈することができる。
② 艦橋から指示を出して砲戦する一斉撃ち方は、高い命中率を得ることができる。
③ 主力艦の速力は大きな戦力、すなわち「距離の支配権」を得ることができる。

それまでの海戦では厳重に装甲された最新の戦艦が、砲戦だけで沈むとは思われていなかった。戦艦を沈めるには喫水《きっすい》線以下に魚雷を当てて穴を開けるか、艦首にある衝角《しょうかく》（ラム）を敵戦艦の横腹にぶち当てるしかない、と考えられていた。それが証拠には、最新式の戦艦三笠でさえ衝角―水面下が突き出た艦首構造になっている。

そうした常識が破られ、日本海海戦では砲戦だけで最新型の戦艦が撃沈された。これからの戦艦は主砲の数を増やして砲撃力を抜本的に強化すれば必然的に一斉撃ち方となるはずだ、とフィッシャー提督は結論づけた。副砲を廃止して主砲を強化
さらに日本海軍は、戦艦と装甲巡洋艦をセットにして艦隊を編成した。ロシア艦隊の先頭にいた旗艦スワロフが被害を受けて迷走し、それに釣られて舵を切った東郷の第一艦隊が離れてしまった後も、第二艦隊の装甲巡洋艦隊がロシア艦隊の頭を抑え続けた。

一時間後には一旦離れてしまった第一艦隊も追いついて攻撃に加わった。要するに速力が勝っていればこそ、砲撃の優位な位置を常に占めることができる。

フィッシャー提督のチームは、この戦訓を取り入れた新戦艦の設計を急がせた。新型戦艦は、日露戦争直後の明治三十八年十月に起工され、翌年二月には早くも進水した。驚くべきスピードだった。

イギリスの新型戦艦建造は秘密裡に進められ、同盟国の日本にも明らかにされなかった。だが、まったく新しい戦艦が秘かに建造されているらしい情報は、漏れ伝わっていたようである。

《新型戦艦は副砲を廃止して主砲に絞り、八門から十門の十二インチ砲が搭載されるらしい。従来のレシプロ型ではなく、蒸気タービンエンジンを搭載した巡洋艦並みの速力らしい》

このような新型戦艦の情報に対して、さっそく日本海軍では諮問《しもん》会議が開かれた。意見を求められたのは当時の海軍を代表する戦術家である秋山真之中佐と佐藤鉄太郎中佐である。

秋山は第一艦隊の、佐藤は第二艦隊の作戦参謀であった。日露戦争の海戦という海戦は、ほとんどが両中佐の立案によるものといって過言ではなかった。

両中佐は駆逐艦隊司令の鈴木貫太郎中佐らとともに、当時海軍大学校の教官の職務にあった。学生は大尉から少佐クラスで、いずれも日露戦争の第一線の場での戦闘体験者ばかりである。

彼らは日露戦争の体験をもとにこれからの海戦に備えて、新しい「海戦要務令」をとりまとめる業務に没頭していた。

秋山・佐藤中佐にとって、新型戦艦の設計思想と性能に高い評価は与えられなかった、と当時の記録にある。速力は別として、問題は副砲を廃止して主砲に統一するという考え方の是非だ。

日本海海戦では、東郷大将は距離八千メートルでは発砲を許さなかった。六千四百メートルの距離になって初めて発砲を開始した。以後、舷々相摩《あいま》すような近接戦闘だった。皮を切らせて肉を切るという戦法だ。

この生々しい体験が強烈過ぎたのかもしれない。副砲廃止主砲統一は遠距離砲戦、消極的な避戦の考えに通じるという受け止め方だったようである。

大事なのはいかに近接戦闘に持ち込んで、敵艦に決定的なダメージ（損害）を与えることで、遠距離砲戦では命中率も上がらず、執るべき戦法ではない。この後、制定された新しい海戦要務令も、その趣旨でまとめられていた。

（4）ドレッドノート革命

かくするうちにイギリスの新型戦艦の建造は想像以上のスピードで進められた。この戦艦は「ドレッドノート（無敵＝恐るべきものなし）」と名付けられ、明治三十九年十二月上旬に竣工、ただちに艦隊に編入された。

戦艦の建造には通常丸三年程度かかるが、ドレッドノートの場合はわずか十四カ月、半分以下の工期で完成した。イギリス海軍がどれだけ力を入れていたかがわかる。

この時点では詳細な性能と設計思想が伝えられた。その要点は次の通りである。

戦艦ドレッドノート（明治39年12月就役）

- 基準排水量は一万八千トンほどで、三笠型より一回り大きい。
- 副砲を廃止し、主砲四十五口径十二インチ砲十門（片舷八門）搭載。
- 蒸気タービンエンジンを装備し速力二十一ノット。

戦艦三笠より一回り大きい艦体に主砲十門搭載し、速力は三笠の十八ノットより三ノット優速で、当時の巡洋艦並みの速力である。

戦艦の戦闘力が主砲の砲力で決まるとすれば、三笠と比較すると舷側方の砲力では四門対八門で二倍、前方の砲力（追撃戦の場合）で二門対六門となり三倍の威力となる。

	戦艦 三笠	戦艦 ドレッドノート
艦型（主砲）		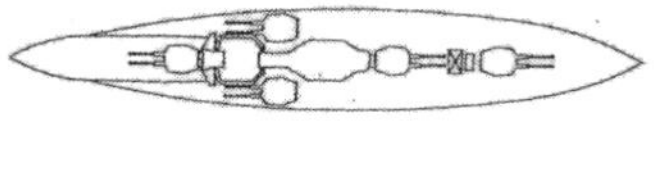
竣工	明治35年3月	明治39年12月
排水量	15,140トン	18,110トン
全長	131×23メートル	160×25メートル
機関	レシプロエンジン	蒸気タービンエンジン
出力	15,000馬力	23,000馬力
速力	18ノット	21ノット
主砲	40口径12インチ砲4門	45口径12インチ砲10門
副砲	40口径6インチ砲14門	全廃

三笠とドレッドノートの比較

フィッシャー提督の狙いは、高い位置の艦橋から砲撃の緒元を指示する一斉撃ち方の導入にあった。主砲だけだから指示も一つで済み、きわめて簡単明瞭である。

また、蒸気タービンエンジンの導入も画期的だった。従来のレシプロエンジンに比較して、小型でスペースの余裕ができ、しかも高出力を出すことができた。従来の戦艦に比べて三ノット優速、主砲十門搭載できたのも、このタービンエンジン導入でしか得られない成果である。

以後、各国とも主力艦はすべて蒸気タービンエンジンということになる。燃料も石炭専焼から、石炭・石油混焼へ、さらに石油へと替わり、この後エンジン馬力は飛躍的に増大していくことになる。

新型戦艦ドレッドノートの出現は革新性に富んでいて、明らかに新時代の戦艦のあり方を示していた。

日露戦争を戦った戦艦は勿論のこと、現在建造されつつある日本の「鹿島」「香取」も、「筑波」「生駒」そして「薩摩」「安芸」も、ドレッドノートの出現によって、一挙に時代遅れの戦艦となってしまったのである。

これをドレッドノートショック、あるいはドレッドノート革命という。日本では「ド級戦艦」、〈ド〉に〈弩〉という漢字をあてて「弩級戦艦」と表記された。三笠の竣工が明治三十五年のこと、それからわずか四年で旧式化し、「ド級戦艦」が新しい基準戦艦に取って替わった。明治三十九年以前の戦艦は「前ド級戦艦」とされた。

ドレッドノート号が出現したのは明治三十九年十二月である。それは新しい大艦巨砲時代の幕開けに過ぎなかった。各国は「ド級戦艦」の建造に躍起となった。イギリス海軍は続けてその先をいく「超ド級戦艦」を起工した。以後、際限のない建艦競争が繰り広げられることになった。

ちなみに、「ド級」、「超ド級」という言葉は、誰もがびっくりするとてつもない怪物が出現した際に、図抜けた存在の表現として今日《こんにち》でも使われている。

第七章　東郷大将のUターンと帝国国防方針

第一章で海軍三提督がそれぞれの令嬢を伴って、両毛織物産地を視察訪問した経過を詳しく述べた。予定されたスケジュールが守られずに、特に東郷大将は桐生町の停車場まで着いたものの、その後のスケジュールをキャンセルして帰京してしまった。

第二章からここまで、明治時代に入ってから日露戦争終結後、明治三十九年十二月までの経過を概観的に見てきた。

この章では第一章で提起した問題点の解明を試みることにしたい。大きなポイントは、なぜ両毛の織物産地を視察したのか、なぜ予定スケジュールをキャンセルして東郷大将は帰京してしまったか、という疑問の解明である。

（1）非常特別織物税

戦争には莫大なお金がかかる。生糸と繊維産業以外には、まだこれといった産業が立ち上がっていなかった当時の日本には、その負担は重税というかたちで国民の双肩にかかっていた。

日清戦争の頃には国家予算は一億円程度であった。その十年後の日露戦争時代には国家予算は五億円程度に増大していた。その予算の半分は戦争準備のための軍備増強に充てられた。ひとたび開戦すると、莫大な戦費を必要とする。一年半の日露戦争で約二十億円程度の戦費を使った。内国債と外国債と半々程度でそれぞれ八億円、合計して十六億円程度の国債が積みあがってしまった。

債務の利率は年五分とか六分であったので、利子の支払いだけでも年間一億円近い出費が必要となった。政府としては大きな負担である。

今日に換算してみると、国家予算がおよそ百兆円とすれば、その三倍強の三百兆円余りに相当する（現在の日本は戦争をしたわけでもないのに、当時の国債費よりはるかに巨額の借金を積み上げてしまっているが……）。

開戦が決定的になった段階で、政府は戦時という理由で非常特別税を決定した。その内容は、地租、営業税、所得税、酒税、煙草の専売、砂糖消費税、醤油税、登録税、相続税などに加えて、さらに塩、毛織物、石油などもあらたに見直し（増税）された。すなわちあらゆるものが課税・増税の対象となった。

大蔵省の試算では新税創設によって六千六百五十万円、塩専売で一千六百二十万円、合計八千二百七十万円の収入増が期待された。

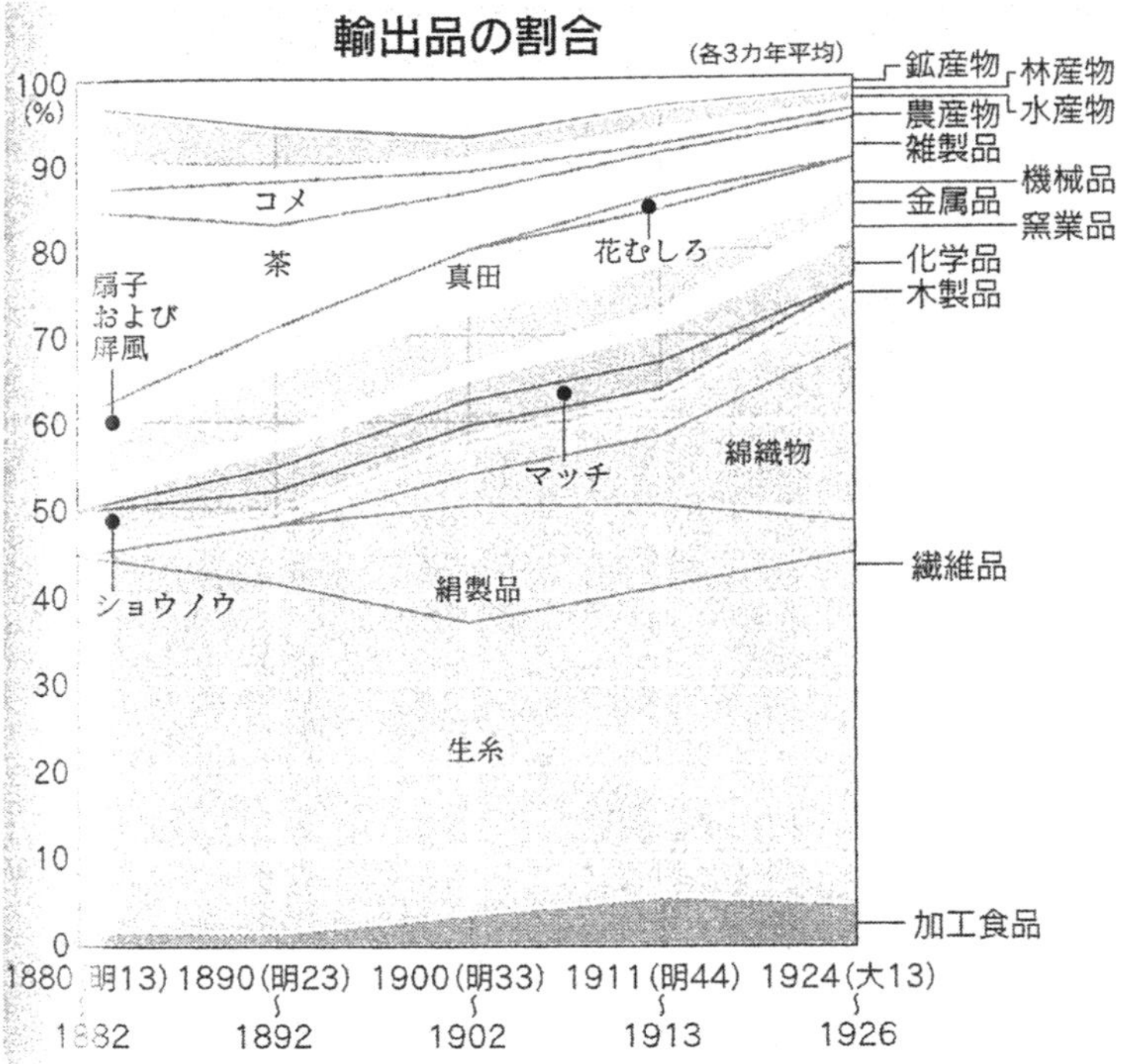

明治から大正時代の日本の輸出品

- 明治40年頃、輸出品は生糸・絹／綿製品など繊維製品主力の後進国型。
- 工業力の比較では、アメリカの20分の1、ロシアの数分の1でしかない。
- ドイツがイギリスを抜いて世界2位の工業国になった。

織物についていえば当初は毛織物だけだったが、追加として絹織物、綿織物にも課税された。税率は十パーセントである。

非常特別税については、当初の規定では「平和克復」の翌年末日、すなわちポーツマス条約が締結された翌年の明治三十九年十二月三十一日には、撤廃される約束だった。

開戦以前にも慢性的財政難、貿易赤字のうえ、戦争により内・外国債がそのまま残り、賠償金も取れなかったことから、明治三十九年三月には廃止規定は削除され、恒久税に変えてしまったのである。

当然のことながら「約束が違う」と、国民や業者の反発は大きかった。織物産地の地域住民は何らかのかたちで織物生産に関わって生活していた。源流の養蚕農家、製糸と撚糸業、染物業、製織業、販売業者に至るまで、多くは細かく分業化された体制で生産が行なわれていた。

その売上と付加価値で地域経済は回っていた。それが売上利益の十パーセントを税金で持っていかれるのだった。業者と地域住民の不満は大きかった。

本来なら織物税は、明治三十九年十二月三十一日に撤廃されるはずだった。十二月二十二日から二十四日という絶妙のタイミングで日程が設定され、時の英雄だった海軍三提督が令嬢を伴って訪問したのは、織物業者や地域住民の不満をなだめるためだったと断定して間違いないだろう。

ちなみにいえば、大正時代に入って綿織物税は生活必需品ということで撤廃されたが、絹織物税はそのまま継続され、廃止となったのは驚くなかれ、戦後の占領米軍によるシャウプ勧告を受けた、税制改正による昭和二十五年一月のことであった。
一度かけられた税または増税は、容易には撤廃されないという歴史的な好例である。

（2）ド級戦艦の建造

日露戦争は苦戦の連続であったが、ともかく日本が優勢のうちに講和条約に持ち込めた。戦後の動きとして、

■旅順・大連を含む遼東半島の租借権、南満州鉄道とその沿線の鉱山採掘権をロシアから引き継ぐ形で利権を得た。

■日英同盟は一段と強化され、適用範囲をインド洋まで広げて継続されることになった。

■桂・タクト協定により、アメリカはフィリピン、日本は韓国に対する支配権を相互承認した。

■桂・ハリマン覚書で、一旦は合意された南満州鉄道の共同開発は、その直後に日本がちゃぶ台返しのように破棄した。この頃からアメリカで日本を警戒する見方が出てきて、折からのカルホルニア州での日本人移民排斥と相まって、日米関係はぎくしゃくすることとなった。

要するに、大陸の満州におけるロシアの脅威は取り除かれた。韓国に対する支配権も認め

られた。強固な日英同盟は継続されたから、さしあたっての海上交通権に対する脅威も存在しない国際環境となったのだ。

こうした状況下で日本の国防方針をどのようにするのか。国防上の大きな脅威は取り除かれたのだから、ここはじっくりと考えなければならなかったはずであった。

本来であれば国防方針の前に、国家の方針―この国をどのような国にすべきかの方針や国家ビジョンが検討されなければならなかった。

たとえば軍事費を思い切って削減し、国民負担を軽くして、産業や民業を盛んにして貿易に力を入れて、富国を実現するという選択があってもよかった。

だが、事実はそうならなかった。結果として、さらに一段と軍事費増大へと走るのである。元老で陸軍の大御所である山縣有朋が先手を取って動いた。山縣の思惑《おもわく》は次のようなものだったろう。

《日露戦争まではロシアの太平洋艦隊、バルチック艦隊に勝利するため、予算は海軍優先で使われた。すなわち海主陸従を余儀なくされた。日露戦争に勝利し日本は大陸―韓国、満州に大きな権益を得た。だが安心はできない。ロシアはいずれ復讐してくるだろうだろう。海軍には当面の脅威はないはずだ。これからは陸主海従、すなわち陸軍主導で軍備充実を図るべきだ》

山縣は腹心の田中義一中佐に命じて、帝国国防方針案をまとめさせた。その私案を明治天皇に上申した。明治三十九年十月のことである。天皇はこれを元帥府に諮《はか》った。

当時の元帥は陸軍が山縣有朋、大山巌、野津道貫の三名、海軍は伊東祐亨一名である（西郷従道元帥は明治三十五年に死没した）。

そのうえで、明治天皇は陸軍の参謀総長奥保鞏《やすかた》大将、海軍軍令部長東郷平八郎大将を宮中に呼んで、「帝国国防方針」の策定を命じた。これが明治三十九年十二月二十日のことである。

この年の十二月は東郷平八郎軍令部長にとって、目の回るように忙しい日々になったことだろう。

まず十二月上旬、イギリスの新型戦艦ドレッドノートが竣工し、直ちに艦隊に編入された。

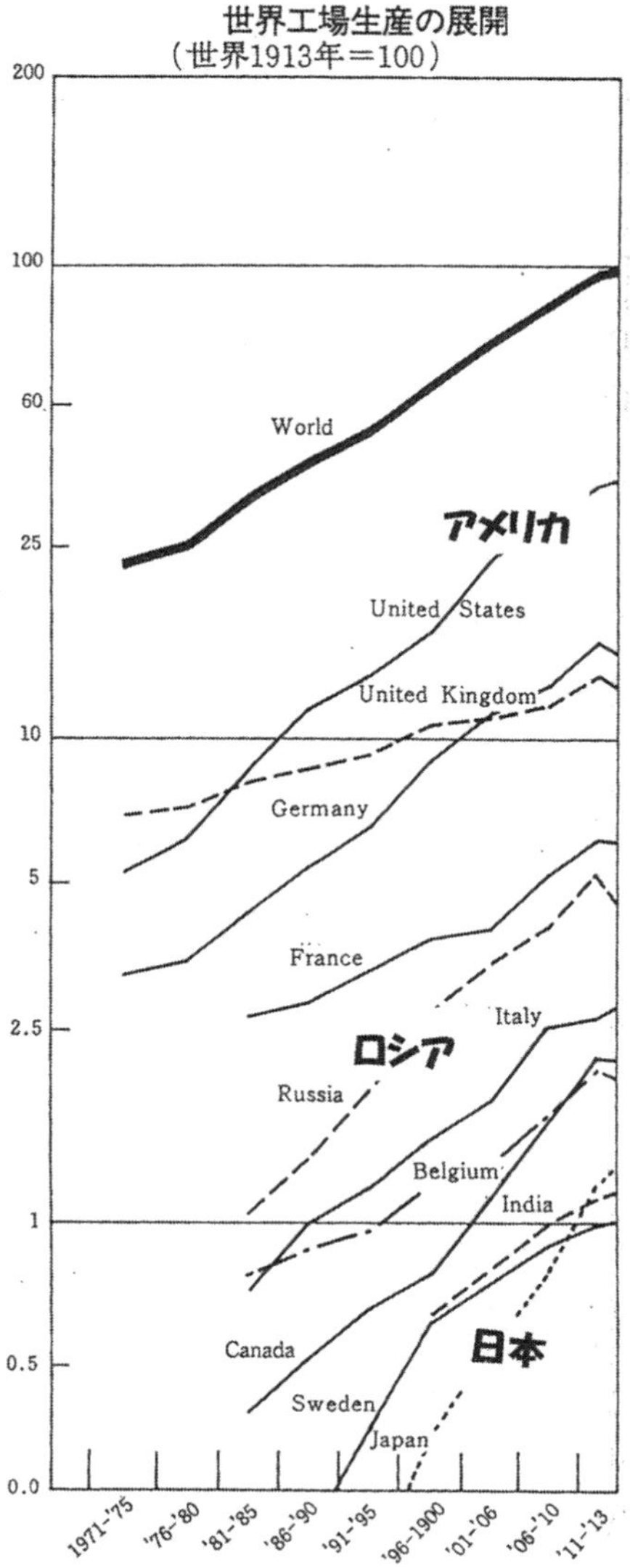

その結果、現在建造中の日本の戦艦、装甲巡洋艦は前ド級戦艦と位置付けられ、一挙に時代遅れになってしまった。

そこで軍令部の要求で戦艦二隻、装甲巡洋艦一隻の建造が、明治四十年度の計画として認められた。新しい戦艦はド級戦艦でなければならない。そのため新型艦型審査委員会が開かれ、どのような艦型の戦艦にするのか、連日のように審議が行なわれた。

新型戦艦は単一主砲多砲塔（舷側砲力増）と、蒸気タービンエンジン搭載でなければならない。

ドレッドノート号は十二インチ連装砲塔を五基搭載している。まずこの連装砲塔の配置が問題であった。十二月七日の会議では、①案、②案、③案が検討され、一応艦型が決まったようである。

決定されたのは艦首尾にそれぞれ連装砲を一基ずつ、艦中央部左右両舷に二基ずつ、合計六基十二門の配置であった。左右片舷にそれ四基八門を向けることができた。

この時に検討された新型ド級戦艦二隻は、後に「河内」「摂津」と命名され、明治四十二年横須賀工廠と呉海軍工廠で起工され、竣工は明治四十五年のことだった。

この間、平行して技術的課題の国産化も進められた。主砲の砲身についてはイギリスのビッカース社と技術提携し、日本製鋼社室蘭工場で量産化を行なった。タービンエンジンについては、アメリカのカーチス社の技術供与を受け国産化を図った。

日本海軍は最新型戦艦の建造技術で、世界レベルをキャッチアップしつつあった。だが、世は日進月歩の技術革新の真っただ中に入っていた。日本がド級戦艦を完成させる頃には、イギリスが一段と強力な次世代の「超ド級戦艦」を完成させた。詳しい内容については次章で触れることにする。

（3）帝国国防方針

ド級戦艦建造で大わらわだったところへ、帝国国防方針策定が重なったのだ。

国防方針とは仮想敵国を想定し、どのような艦隊を整備するかということである。そのためには前述の新型戦艦の設計スペックが決定され、建造計画までまとめられなければならない。

十二月二十日に明治天皇より直々に帝国国防方針策定を命じられた東郷軍令部長は、主な軍令部参謀、海軍省の主要メンバーを招集し、翌二十一日に検討会議を行なったはずである。おそらくは一日で必要事項の審議が終わらず、翌日午前中まで審議が続いたことだろう。

この帝国国防方針は陸軍では参謀本部の松川敏胤《としたね》少将、田中義一中佐が中心となり、海軍では軍令部の財部彪《たけし》大佐、川島令次郎大佐が中心なってまとめ上げた。明治天皇より下命されたのが十二月二十日、上奏案が提出されたのが翌年の正月をはさんで二月一日だから、かなりのハードスケジュールだった。

この帝国国防方針は、その後の大日本帝国の進路を規定したもので、実際にその通り進んで四十年後には日本帝国が瓦解《がかい》して敗戦を迎えることになるので、やや詳しく調べてみることにしよう。

方針の内容は、

「国家目標と国家戦略」

「国防目的と戦略方針」

「情勢判断と想定敵国」

「作戦方針と軍備の整備目標」

などからなっていた。

冒頭の国家目標には「帝国の政策は明治の初めに定められたる開国進取に則り実行せられ、……今後は益々この国是に従い、国権の拡張を謀り、国利民福の増進に努めざるべからず」と書き出されている。

国家戦略として次のように規定した。

「国権を拡張し、国利民福を増進せんと欲せば、世界の多方面に向かって経営せざるべからずと雖《いえど》も、就中《なかんずく》日露戦争において幾万の生霊および百万の財貨を抛《なげう》ちて満州および韓国に扶植《ふしょく》したる利権と、亜細亜《アジア》の南方および太平洋の彼岸に皇張しつつある民力の発展を擁護《ようご》するは勿論、益々これを拡張するを以て、帝国施政の大方針と為さざるべからず」

すなわち、この国防方針は「満州および韓国に扶植《ふしょく》した利権の確保」＝陸軍主導の北進戦略と、「東アジア南方への経済発展」＝海軍主導の南進戦略、の二大戦略を国家戦略として明確に規定したことである。

南北両方面に進出する「南北両進」という大拡張戦略を国防方針の原点に置いた。後世のわれわれから見ると二兎《にと》を追う、身の丈を越えた大風呂敷論だといえよう。かの大英帝国でさえ、海軍は常に世界一を目指したが、陸軍兵力は必要最小限とし、不足分は外交力でカバーしようとした。

この国防方針策定の過程で感じる疑問は、陸軍と海軍の官僚組織としての省益確保の意識である。その後の歴史が証明するところによれば、陸軍と海軍は常に対抗意識を持ち、最後に滅びるまで予算と資材の分捕り合戦に終始した。この国防方針にもそうした下心が見え隠れする。

続いて情勢判断と想定敵国に移る。

想定敵国はまず再建中のロシアを「最も早期に敵国になり得る国」と見なし、次いで米国を「他日激甚《げきじん》なる衝突を惹起《じゃっき》する国」と判断した。

陸軍は「ロシアの極東に使用し得る兵力に対し攻勢を取るを目安とす」と定め、海軍は「米国の海軍に対し東洋において攻勢を図るを目安とす」と定めた。

この目的達成のための必要兵力量は、陸軍は常備兵力二十五個師団、戦時五十個師団（明治三十九年のこの時点では陸軍十七個から十九個師団へ増勢）、海軍は二万トンクラスの戦艦八隻、一万八千トンクラスの装甲巡洋艦八隻と定めた。最新型主力艦による八八艦隊計画である。

八年を一期として更新する。つまり八年経ったら二線級に位置づけ、常に最新型戦艦を造り続けると規定した。

陸軍の北進論について一言付言しておきたい。

日露戦争のポーツマス条約にもとづいて獲得した遼東半島、すなわち旅順・大連などの関東州の権益を保護するために置いた守備隊が関東軍の始まりである。

続けて旅順―長春間の南満州鉄道株式会社（満鉄）が設立され、鉄道運営とともに撫順炭鉱、鞍山製鉄所などの付帯事業と、鉄道付属地などの守備隊を合わせて関東軍が、参謀本部直轄部隊として独立する。大正八（一九一九）年のことである。

この関東軍が昭和に入って暴走することになる。すなわち、山東出兵が済南事件に及び、

- 昭和三年　満州の軍閥指導者・張作霖爆殺事件（陸軍は満州某重大事件として真相を明らかにしなかった）。
- 昭和六年　満州事変　自作自演の鉄道爆破から満州全土を武力制圧した。
- 昭和七年　満州国成立　日本の傀儡《かいらい》国家である。

これらの現地関東軍の暴走に対して、参謀本部も日本政府もマスコミも引きずられながら追認を繰り返した。これが日中戦争、太平洋戦争への序曲となったのである。

（4）統帥権の独立

この帝国国防方針は二月一日、陸軍の奥参謀総長と海軍の東郷軍令部長から明治天皇に奉答され、四月に正式裁可された。

この明治四十年四月に制定された帝国国防方針は大きな矛盾を抱えながら、その後日本を

取り囲む国際環境の変化に応じて何度か見直しが行なわれたが、基本骨子は何ら変わることはなかった。

この国防方針は陸軍においても海軍においても、大拡張することを目指している。それなのに、外務大臣や大蔵大臣、内閣総理大臣もいっさい関わりないところで決まってしまっている。総理大臣のみが、決定後に閲覧を許された。

つまり、国防問題が政治（首相）、外交（外務大臣）、財務（大蔵大臣）などより上位に置かれ、天皇に直属すると位置づけられたのである。

西園寺首相は、この帝国国防方針について次のような趣旨の奉答をしている。

「我国財政の状況は大戦役の後を受け、今俄かに之が全部の遂行を許さざるものがあります。願わくは時間猶予をいただき国力の涵養《かんよう》に従って実現に努めます」

西園寺首相は、帝国国防方針についての賛否に容喙《ようかい》することはできなかったのである。

この理由として、明治憲法では次のように規定されていた。

第十一条　天皇は陸海軍を統帥する。

第十二条　天皇は陸海軍の編成及び常備兵力を定める。

ところが、本来戦争とは政治に従属されるべきものである。古典的名著とされる『戦争論』（明治時代の高級軍人はほとんど目を通している）を著したプロイセンの軍略家クラウゼヴィッツは、戦争を次のように規定している。

「戦争とは政治・外交目標に従属して行なわれるべきものであり、また敵をしてわれらの意思に屈服せしめるための暴力行為である」

これから導きだされる結論は「戦争とは政治の一手段である」ということである。フランスの首相経験者である政治家のクレマンソーは、「戦争は軍人たちの専権事項にしておくにはあまりに重大だ」と言っている。

統帥権の独立という軍部独走の無制御状態の萌芽《ほうが》が、この帝国国防方針あたりから具体化したといえよう。

問題点をもう一度まとめて要約する。

① 陸軍と海軍はそれぞれ別々に仮想敵国を設定した。

主敵の分裂はその先に軍事戦略の分裂と国家戦略の分裂を起こすことになる。

② 国防方針が内閣の関与しない軍部の意向で決定されてしまったこと。

その結果は二元政治にいきつき、統帥権の独立と相まって軍部の独走を許してしまう。

その後の四十年の歴史の推移は、この問題点が指摘する通りの結果をもたらした。

(5) 疑問点の解明

冒頭の第一章で提起した疑問をまとめると、

① **なぜ両毛の織物産地を訪問したのか。**

十二月三十一日に撤廃される予定だった非常織物税が恒久税とされ、地元業者や地域住民の不満をなだめるために、絶妙なタイミングを選んで訪問した。

②　十二月二十二日東郷大将と上村中将の出発はなぜ半日遅れたのか。

二十日に東郷軍令部長に、明治天皇から帝国国防方針の策定を命じられた。そのため二十一日と二十二日午前中まで海軍内部の指示と調整のための会議が行なわれた。その会議には上村彦之亟横須賀鎮守府長官も出席していたと推測される。

③　二十三日なぜ東郷大将は予定をキャンセルしてUターンしたのか。

帝国国防方針策定に関し、どうしても東郷軍令部長の出席を要する緊急会議が設定されたこと。と、考えてみたが本当にそうなのだろうか？

確かに二十四日には、帝国国防方針の一応の成案を得て、畔柳書記官に清書させて伊集院次長に提出されている。だが、このことが東郷大将帰京の理由とは思えない。予定をキャンセルするほどの切迫性が感じられないのである。

当時、軍令部参謀であった財部彪大佐による「財部日記」を再度検証してみよう。

（財部彪は海兵十五期の首席。明治海軍の実力者山本権兵衛大将の女婿である。当時の軍令部にあっては、川島礼次郎・江頭安太郎と並ぶ三人の大佐参謀の一人である）

十二月二十一日から二十四日までの四日間を引用するが、長くなるので関係しそうな部分だけに限定する。財部日記は個人の備忘録の位置づけであることと、くせのある崩し文字のため解読精度は八割くらいであることを、あらかじめことわっておく。

◇十二月二十一日
▪本日より戦時特別の印刷に着手せり（海軍省の四条の処たす）。

▪日英同盟に基き為すべき彼此軍事様を問の基案を次長に提出せり。

▪×××旨申置なり。海軍国防方針の起案となさん。
◇十二月二十二日
▪昼食後居残り伊藤大佐と同盟協約第七条に基き為すべき協約方針云々。

▪増上寺に遭難者法会に際し、川島氏歴訪奉幣は、川島氏病気長引き木村総監に依頼云々。

▪国防方針の敵国の部小笠原中佐の添削を求む。
◇十二月二十三日
▪午後、島津家々人伊集院繁来訪、夕刻島津男の為に設けたる送別宴云々。
◇十二月二十四日
▪本日国防方針を畔柳と清書せしめ、次長に提出す。

▪午後一時より平和会議の件　江頭、伊藤両大佐、山川、遠藤両参事の五人。

▪本夕島津男の留別会に赴く、十八時頃帰宅。

（注）　次長…伊集院五郎中将、伊藤大佐…海軍省軍務局伊藤乙次郎、木村総監…木村壮介軍医総監、平和会議は翌年開催された第二回ハーグ平和会議を指すと思われる。

以下は推論である。二十三日の午後海軍と深い縁のあった島津男爵家の執事が軍令部を訪れ、翌日行なわれた島津男爵の送別の宴の下打ち合わせが行なわれた。

この送別会には東郷平八郎大将の出席が必要と認められ、電報が打たれた。東郷大将は二十四日の島津男爵の送別会に出席するために帰京した。

調べると、島津男爵家は十一家あった。いずれも薩摩藩主島津久光・忠義の分家、あるいは古くからの親族である。

藩主島津家は明治維新後公爵となる。公爵家は久光―忠義―忠重と続いた。明治三十年に忠義が他界した時、忠重はまだ十一歳であった。そのため忠義の弟である島津珍彦《うずひこ》男爵が島津公爵家の後見人となった。

明治三十九年には、忠重は海軍兵学校の最上級生となっていた。この年の二月、イギリスの王族コンノート殿下が、明治天皇に「ガーター勲章」を贈呈するために来日した。殿下はその後鹿児島を訪問した。

イギリスと鹿児島は、幕末薩英戦争以来の特別な友好関係が続いていた。鹿児島県、鹿児島市、島津公爵家をあげて殿下を歓迎した。忠重も兵学校から特別な休暇をもらい鹿児島に帰省し、珍彦男爵とともども応接にあたった。

陸軍からは黒木為楨《ためもと》大将、海軍から東郷平八郎大将がコンノート殿下に随伴して鹿児島に赴いている。オール鹿児島をあげての大歓待だったのだ。

その島津珍彦男爵が、十月に公爵家の後見人の大役から降りた。公爵家には鹿児島出身の政府高官―松方正義、川村純義、大山巖、樺山資紀など、そうそうたるメンバーが顧問に就いていた。

その島津珍彦男爵の慰労の送別の宴だとすれば、東郷平八郎大将が出席しなければならない事情も十分に頷《うなず》ける。

残る大きな課題は帝国国防方針決定のその後である。

第八章　アメリカの東アジア進出

日本の徳川鎖国体制の厚い扉をこじ開けたのはアメリカである。日米修好通商条約を結び、ポータハン号で幕府の遣米使節団をアメリカまで運び、ちょんまげ袴《はかま》姿に大小二刀を帯びたサムライたちを、各地で大歓迎して迎えてくれたのもアメリカである。

南北戦争が収まって、日米の貿易が本格的に始まると大量の生糸や羽二重を買ってくれる、日本にとって最大のお得意さまになった。日露戦争の講和についてもアメリカ以外で斡旋できそうな国は見当たらず、ルーズベルト大統領は日本を救ってくれた恩人のように思える。

ところが、日露戦争が終わってみると、アメリカは日本にとってロシアに次ぐ仮想敵国に位置づけられることになる。アメリカも同じく、日本を先々危険な国と見るようになる。なぜこんな関係になってしまったのか？　アメリカ建国以来の歴史の流れのなかから、考察を加えてみることにしたい。

（1）アメリカ合衆国の独立

一四九二年、コロンブスがヨーロッパから大西洋を横断し、アメリカ大陸周辺の島であるサンサルバドル島（西インド諸島の一つ、コロンブスは「聖なる救世主」との意味の島名を付けた）に到達した。これがヨーロッパ人による初のアメリカ大陸の発見である。

その後の一六二〇年、イギリスの清教徒（ピューリタン）の人たちがメイフラワー号でアメリカに移住したことから、イギリス人をはじめとするヨーロッパ人の移住が相次いだ。日本でいえば、徳川三代将軍家光時代に、アメリカの国家形成の最初の第一歩が記《しる》されたと例《たと》えることができる。

アメリカ大陸にはずっと以前から、アジアモンゴロイド系のインディアンと呼ばれる先住民がいた。新しく移住したヨーロッパ人たちは先住民を追い払うか、虐殺するかによって生活圏を奪いながら、居住域を広げていった。

十八世紀半ば頃までには、ミシシッピー川岸まで移住者の入植が広がり、スペイン、フランス、オランダ、イギリスなどが覇権《はけん》争いをしたが、結局のところイギリスが支配権を獲得し、大陸東海岸寄りの十三地区がイギリスの植民地となった。

イギリスがナポレオンとの戦争のため、植民地に重税を課したことから、その反発が強まり、やがて独立戦争へと発展する。アメリカ軍の総司令官にはジョージ・ワシントンが就任した。

この独立戦争は、フランス、スペイン、オランダなどがアメリカを支援したため、アメリカが勝利し、イギリスからの独立を勝ちとった。

ワシントンはアメリカ合衆国憲法制定のための議会の議長に選出され、トーマス・ジェファーソン起草になる独立宣言が高らかに採択された。さらに、共和制・三権分立・連邦制を骨子とするアメリカ合衆国憲法が制定された。

一七八九年、日本でいえば十一代将軍徳川家斉の寛政年間の時代に、ジョージ・ワシントンが初代アメリカ合衆国大統領に選出された。この一連の功績から、ワシントンはアメリカ建国の父と称された。この当時のアメリカ合衆国は十三州、国土もミシシッピー川以東の地区に過ぎず、現在のアメリカの数分の一の規模の国でしかなかった。

（2）フロンティアの時代

独立を獲得したアメリカ合衆国は、ヨーロッパから移民を受け入れる一方で、国土を西へ西へと広げていった。

■一八〇三年　フランスからフランス領ルイジアナを購入した。第三代トーマス・ジェファーソン大統領の時代で、これで国土はほぼ二倍となった。

■一八四六〜四八年　アメリカ対メキシコ戦争に勝利する。その結果、カルホルニアなどアメリカ西部の広大な土地を獲得した。

■一八四八年　カルホルニアで金鉱が発見された。一攫千金を狙ってゴールドラッシュとなる。アメリカ西海岸は急激に人口が増えた。

この段階で、第十三代大統領フィルモアは、日本に艦隊を派遣して国書を送り、鎖国状態だった日本を開国させることを決意した。

まだ西海岸には大きな港湾もなく、大きな都市もなかった。大統領の大きな市場としての関心は中国大陸にあり、日本はその中継基地の位置づけだったようだ。いずれ太平洋航路も西海岸の交易基地も整備される前提での、将来を見据えた先行的戦略判断だったように思われる。

■一八五三年　ペリー提督が開港を求めて日本へ来航。

■一八五八年　日米修好通商条約締結。
同年、ペンシルベニア州でドレイクが石油採掘に成功した。

■一八六一〜六五年　アメリカの南北戦争、結果北軍が勝利。

一八六一年、共和党のエイブラハム・リンカーンがアメリカ大統領となる。

彼は黒人奴隷解放を主要な政策として大統領に当選した。人手不足に悩む北部工業地帯の資本家からは歓迎されたが、南部の農業地帯の奴隷州では反発した。

すると南部では、アメリカ連合国（南部連合）を結成して離反した。これがきっかけで南北戦争に入った。六三年に、リンカーンが奴隷解放宣言を発表すると、急速に支持は拡大、やがて南軍は降伏して、北軍勝利で決着し、六五年にアメリカは統一された。

この途上、リンカーンはゲティスバーグ国立戦没者墓地で歴史的な演説を行なった。この演説では、アメリカ合衆国が拠って立つ自由と平等の原則を高らかにうたい、最後に「人民の人民による人民のための政治を目指す」と結んだ。

リンカーン大統領は、憲法を改正して奴隷制度廃止を明文化し、黒人は奴隷制から解放された。だが、南部の過激派の一人の男によって射殺されてしまった。

リンカーンの黒人奴隷制度の廃止は大きな第一歩だったが、人種差別問題と西部開拓時代から続く個人の銃保有は、今日まで続くアメリカの大きなそして根深い宿痾《しゅくあ》である。

■一八六七年　アラスカをロシアから購入。
　　　　　　　カナダがイギリスから独立する。

■一八六九年　アメリカ大陸横断鉄道開通。

日本でいえば、明治維新と同時代になって、アメリカ合衆国はようやく現在の版図と同じ国土となってきた。

ここまでアメリカへの移民時代、合衆国の独立、西部へのフロンティア開発、南北戦争などに触れてきた。これは北米大陸におけるアメリカの発展拡大による国土形成の軌跡であった。

アメリカ合衆国発展に、偉大な貢献をした四人の大統領の巨大な顔の彫像《ちょうぞう》が、サウスダコタ州ラシュモア山に掘られている。

ラシュモア山　４人の大統領の彫像

自然の山の岩頭を彫り込んだモニュメントで、ヒッチコック監督のサスペンス映画、「北北西に進路を取れ」のラストシーンの舞台になった景勝地として知られている。

四人の大統領とは、初代ジョージ・ワシントン、三代トーマス・ジェファーソン、第十六代エイブラハム・リンカーンと、もう一人は第二十六代セオドア・ルーズベルト大統領である。

セオドア・ルーズベルトは日露戦争講和の仲介をとってくれた、親日的な大統領として知られている。その功績でノーベル平和賞も受賞している。

だがそれだけの大統領ではなかった。アメリカの発展に多大な貢献を果たしたセオドア・ルーズベルト大統領の時代について調べてみよう。

（3）帝国主義時代

ハワイ諸島は広大な太平洋のほぼ中央に位置し、五つの大きな島と周辺の小島からなる火山島である。島の面積も大きく、農産物やフルーツ、木材なども豊富で、太平洋航路の中継地としては格好の条件を備えていた。

この島はイギリスのキャプテン・クックが発見した島として知られたが、近世になってからは、カメハメハ一世の統一以来独立した立憲君主国となっていた。

しかし、宣教師や捕鯨業者、商人などが移り住み、砂糖やパイナップル事業にもアメリカ人が進出して、次第に経済的支配権を持つようになっていた。

明治に入って農園労働者として日本人も移住するようになり、ハワイ王国と日本は友好国の関係にあった。

一八九三（明治二十六）年、移住したアメリカ人たちは、ホノルル港に停泊中のアメリカ軍艦の援助を得て、革命を起こして王政を打倒、臨時政府を樹立した。

このクーデターに際し日本人居留民保護の目的で、東郷平八郎艦長の巡洋艦浪速ほか二隻はハワイに派遣され、アメリカの動きをけん制した。

その五年後の一八九八（明治三十一）年は、アメリカにとって特別な年となった。

アメリカ南東部、フロリダ半島の先にキューバがあって、当時はスペイン領であった。アメリカに隣接した島であるから、経済的な結びつきが強かった。

キューバに派遣されたアメリカの軍艦メイン号が、爆発事故を起こして沈没した。この事故がアメリカ世論を刺激し、ついには宣戦布告を行なった。一八九八（明治三十一）年四月のことである。これはおそらくアメリカがスペインに仕掛けた戦争だろう。

アメリカはキューバに艦隊と陸軍を送り、やすやすとスペイン軍を破った。同時に、スペイン領だったフィリピンにも七隻の艦隊を派遣、マニラ湾での海戦でフィリピン艦隊を撃破した。

この戦争の結果、キューバは独立、スペイン領だったプエルトリコ、フィリピン、グアム島を領有することになった。同時に、議会の賛同を得て、ハワイも併合してしまったのである。

今まで北米大陸に閉じ籠っていたアメリカは、太平洋の中継基地・ハワイを手に入れ、東アジアに重要な拠点フィリピン、日本に睨《にら》みをきかせるグアム島を一挙に手に入れたのである。

当時セオドア・ルーズベルトは海軍次官であった。海上戦略論の世界的権威であったアメリカ海軍大学教官のマハン提督が提唱する「海上権力史論」の信奉者で、早くからハワイ併合論を唱え、艦隊大拡張論者であった。

ルーズベルトは一九〇一（明治三十四）年、第二十六代アメリカ大統領に選出される。すると、大西洋と太平洋を結ぶ運河―パナマ運河の建設に取り組んだ。

この運河は、かつてフランス人レセップスが運河工事を着工したのだが、あまりの難工事のため会社が破綻《はたん》、工事が中断して放棄されていた。

ルーズベルト大統領は、コロンビアに介入し、パナマ共和国を独立させ、一九〇三（明治三十六）年、採掘権を獲得し、翌年工事を着工した。この大工事は十年後の一九一四年に完成する。

この運河が完成すれば、アメリカ艦隊は大西洋でも太平洋でも展開できる、両洋艦隊として運用することができるはずだ。かねてからの念願であった東アジア、中国市場へ進出できる条件が整うのだ。

日露戦争は、こうしたアメリカのアジア進出の準備がほぼ整いつつあるなかで行なわれた。アメリカの戦略的な判断はこのようなものだろう。

《ロシアが勝利してしまっては、満州はロシアのものとなり、アメリカとしては手も足も出せなくなる。日本が辛うじて勝利してロシアを追い払ってくれれば、アメリカも満州に食い込めるだろう》

アメリカは中国市場の各国による機会均等主義を主張してきたが、今やその条件が満たされようとしていた。ルーズベルト大統領は日露講和仲介の労をとる一方で、友人の鉄道王ハリマンを日本の桂首相に紹介して満州鉄道の共同開発を提案させた。

日本も日露戦争前までは韓国については支配権を主張してきたが、満州については機会均等を主張してきたはずだ。

ところが、桂—ハリマン覚書に一旦は合意しおきながら、その後拒否してきたのはいったいどういうことなのか。ロシアから獲得した遼東半島租借権と南満州鉄道の利権を、一人占めしようとしている。日本はロシアに勝利したことで明らかに思いあがってしまったのだ。

(4) 日米の対峙《たいじ》

このように考えたルーズベルト大統領は、日本の膨張主義を警戒するようになった。彼は日本の膨張を抑えるための政策をいくつか実行に移した。

- ハワイ・カルホルニアへの日本人移民を抑制すること。
- ハワイ・フィリピン・グアムの軍事基地を強化し、万一に備えること。
- 日英同盟はいずれ機会をみて解消させなければならない。
- 万が一日本と軍事衝突が生じたことを想定した戦争計画の検討……「オレンジ計画」
- パナマ運河開通を見据えて、アメリカの大艦隊を編成してアジアに派遣し、一大演習とデモンストレーションを行なう。

こうして実行に移されたのが一九〇八（明治四十一）年の「グレート・ホワイト・フリート」のアジア派遣だった。艦体を真っ白に塗装した戦艦十六隻をハワイ、マニラ、そして日本の横浜に派遣した。五十五年前、日本の鎖国をこじ開けたペリー艦隊は黒船だった。今回は白色の大艦隊だ。

＊

日露戦争後、太平洋に浮かぶ艦隊といえば、日本海軍しか存在しなかった。アメリカはセオドア・ルーズベルト大統領の肝入りで大艦隊を建造中だった。一九〇四年から一九〇七年の三年間で十一隻もの戦艦を建造していた。

だが、パナマ運河はまだ建設途上にあり、ハワイ、フィリピンは併合したものの、艦隊の展開はできていなかったが、いずれ間もなく大西洋・太平洋は運河で結ばれる。

そこで日米関係の緊張の高まりと、フィリピン防衛のための演習、日本海軍に対する牽制と威圧をかねて白色大艦隊を派遣したのだった。さらにアジアからインド洋、スエズ運河を経由して大西洋へと世界を一周し、アメリカ大艦隊を世界にアピールする派手な一大デモンストレーションだった。

一九〇八（明治四十一）年十月二十二日、アメリカ艦隊は威風堂々と横浜港に入港した。出迎えの日本艦隊は、軍令部長東郷平八郎大将が乗艦した旗艦三笠（一度火薬庫爆発で沈没したものの、引き上げて再就役した）以下戦艦六隻、装甲巡洋艦六隻が出迎えた。

表向きは親善訪問であったが、内実は将来砲火を交わすことになるかもしれないとの思いがあったのに違いない。

日本の国民はアメリカ艦隊の乗員を大歓迎で迎えた。将兵たちは上陸して横浜、浅草、上野などの観光を楽しんだ。そして、三笠艦上では、東郷大将主催の歓迎レセプションが開かれた。

グレート・ホワイト・フリート

後の太平洋戦争で、アメリカ海軍の指導者となるチェスター・ニミッツ、ウィリアム・ハルゼー、レイモンド・スプルーアンスなど、未来の提督たちも新米少尉や士官候補生として参加、あこがれの東洋のネルソンと評された東郷大将を畏敬の眼差《まなざ》しで見つめていた。

その後、アメリカ海軍は西海岸のカルホルニア州に拠点となる軍港を整備し、ハワイ真珠湾を艦隊の拠点とし、フィリピン、グアム島の防衛も強化、大西洋・太平洋の両洋に大艦隊を展開できる体制を築いていくことになる。

一九一四（大正三）年、パナマ運河が開通した。そのまさに同時期に、ニューヨークとサンフランシスコは電話回線で結ばれた。日本とアメリカは太平洋をはさんで直接対峙する関係となったのである。

第九章　八八艦隊計画

明治四十年四月に裁可された帝国国防方針は、陸軍はロシアを仮想敵国として常備軍二十五個師団、海軍はアメリカを仮想敵国として戦艦八隻、装甲巡洋艦八隻を所有すると定められた。

戦艦も装甲巡洋艦も世界一流レベルの軍艦とし、それぞれ戦艦は常備排水量二万トン、装甲巡洋艦は一万八千トンとした。これはおそらく、イギリスの新型戦艦ドレッドノート級を想定したものだろう。

以後この国防方針で定めた兵備・兵力量を実現することが、陸海軍首脳部の金科玉条の使命となった。この国防方針がどのように達成されようとしたのかを見ていこう。

（1）日露開戦後の戦艦建造

日露戦争開戦後に起工した主力艦は、戦艦四隻、装甲巡洋艦（巡洋戦艦）四隻であった。

【日本海軍の建艦】

◇戦艦

▪香取型――香取、鹿島　イギリスで建造　明治三十九年五月竣工

▪薩摩型――薩摩、安芸　建造中であり竣工は明治四十三年から四十四年

◇装甲巡洋艦（巡洋戦艦）

▪筑波型――筑波、生駒　明治四十年から四十一年にかけて竣工

▪鞍馬型――鞍馬、伊吹　明治四十二年から四十四年にかけて竣工

だが、これら建造中の主力艦は、基本設計が三笠型をベースにしたものであり、明治三十九年十二月に竣工したドレッドノートの出現により、建造中にして前ド級という時代遅れの旧式主力艦となってしまった。

前記主力艦のなかで、安芸と伊吹はレシプロエンジンから蒸気タービンエンジンに換装して建造された。海軍では、戦艦に蒸気タービンを搭載する技術は取り入れることができた。日本海軍は日露戦争の戦利品として獲得したロシアの軍艦の損傷復旧、予算不足などにより、ド級戦艦の建造着手が遅れていた。

そのため、ド級戦艦として計画された戦艦「河内」「摂津」の建造起工が明治四十二年一月、完成したのが明治四十五年の三月となった。

河内も摂津も十二インチ砲を十二門搭載、片舷八門であり（ただし反対舷の四門は使えず効率が悪い）、ドレッドノートと同等の砲力を持っていた。ところが首尾の主砲は五十口径であるが、艦中央部の八門は四十五口径であり、これでは一斉撃ち方に不都合が生じてしまう。日本はまだ試行錯誤の過程にあり、何かチグハグな不手際が残ってしまった。

戦艦建造で自立し、イギリス海軍に追いついたつもりが、イギリス海軍ははるかに先を走っていた。ド級戦艦からその先の超ド級戦艦を、世界に先駆けて完成させていたのである。

【イギリス海軍の建艦】

◇ド級戦艦、巡洋戦艦――主砲十二インチ（三十センチ）砲搭載

・戦艦ドレッドノート　明治三十九年十二月竣工　一万八千トン

・巡洋戦艦インビンシブル　明治四十一年三月竣工　一万八千トン

◇超ド級戦艦、巡洋戦艦――主砲十四インチ（三十五センチ）砲搭載

・戦艦オライオン　明治四十二年十一月起工、四十五年一月竣工　二万二千トン

・巡洋戦艦ライオン　明治四十二年十一月起工、四十五年二月竣工　二万六千トン

ここで十二インチ砲「ド級」戦艦の主砲弾と、十四インチ「超ド級」戦艦の主砲弾の威力について簡単に触れておく。

砲弾は三次元形状なので、その重量は直径の三乗に概ね比例する。すると十四インチ砲は十二インチ砲の一・六倍の重量と威力となる。実際の重量は、十二インチ砲・十四インチ砲、

それぞれ三百八十キロ・六百七十キロというデータがある。

日本海軍が驚いたのは、超ド級巡洋戦艦ライオンの性能諸元である。戦艦オライオンの常備排水量が二・二万トンに対して二・六万トン、エンジン馬力二・七万馬力に対して二・五倍の七万馬力、速力二十一ノットに対して二十七ノットという快速である。

日本で建造中の巡洋戦艦でもっとも高速力なのが、タービンエンジンを搭載した伊吹で、二・四万馬力、速力二十二・五ノットに過ぎない。しかも、主砲は十二インチ砲四門に対し、ライオンは十四インチ砲八門である。これではまったく太刀打ちできない。

（2）巡洋戦艦「金剛」とシーメンス事件

日本海軍は、自力建造は困難と判断し、ライオン級の超ド級巡洋戦艦建造を、イギリスのヴィッカース社に打診した。ヴィッカース社は戦艦三笠を建造した造船会社である。三笠が日本艦隊の旗艦として活躍、バルチック艦隊を撃滅したことで、社名を高めてくれたことに感謝し、日本海軍に敬意を払っていた。

当時は日英同盟下にあり、日本の提案を受け入れてくれた。すなわち、日本は四隻の巡洋戦艦を建造する。モデル艦を「金剛」とし、金剛はヴィッカース社で建造する。残る三隻は日本の造船所で建造する。そのために必要な工場見学、技術供与、指導など、日本側の提案をすべて認めてくれたのである。普通では考えられない破格なことである。

全力公試験中の巡洋戦艦「金剛」

こうして一番艦「金剛」（イギリス・ヴィッカース社）、二番艦以下「比叡」（横須賀工廠）、「榛名」（川崎神戸造船所）、「霧島」（三菱長崎造船所）の建造が決定された。

イギリス生まれの金剛は南アフリカの喜望峰を回り、大正二年十一月五日に横須賀に到着した。排水量二万六千トン、十四インチ砲八門を搭載、蒸気タービン六万四千馬力、速力二十七・五ノットで、文字通り世界最高峰の巡洋戦艦であった。

榛名と霧島は民間造船会社で初の主力艦の建造例となった。川崎、三菱の対抗意識はすさまじく、造艦着工も進水もほぼ同時期、川崎の榛名は機関の係留試運転が直前に故障が発見されたために六日間実施が遅れた。この責任をとって機関建造の責任者が自刃するという悲劇があった。そのためもあってか、記録上榛名と霧島の竣工日は同日付（大正四年四月十九日）となっている。

日本海軍の造艦技術は、この金剛型巡洋戦艦の完成をもって初めて自立したといえる。以後、超ド級（十四インチ主砲搭載）戦艦「扶桑」「山城」「伊勢」「日向」は、国内で建造されることになった。

だが、好事魔多しである。金剛が横須賀に到着して間もなく、海軍史上最悪の疑獄事件が明るみに出た。それも金剛の建造にも広がってしまった「シーメンス事件」である。

発覚のきっかけは、元シーメンス社員による脅迫事件である。シーメンスはドイツの電機会社で、通信設備や軍艦に搭載する電気系統の優れた機器を提供していた。

この会社の元社員のカール・リヒテルという男が、シーメンス東京支店の金庫から贈収賄に関する秘密書類を盗み出した。この書類を使ってシーメンス東京支店を恐喝したが、思った結果が得られず、この書類をマスコミのロイター通信の記者に売り渡した。

このことから情報が漏れて、リヒテルがドイツに帰国したとき、ドイツ官憲に逮捕され、裁判のなかでシーメンス社から日本海軍への贈収賄事件が明らかにされた。

これが大正三年一月のことで、海軍艦政本部の藤井光五郎少将、沢崎寛猛大佐が検挙されたのである。

現職の海軍高官による収賄事件であり、これは裁判でも国会でも追及された。その過程ではるかに大きな収賄事件があぶり出された。

イギリスで建造され、日本に回航したばかりの世界最強の巡洋戦艦金剛に関するものだった。ヴィッカース社の日本代理店は商社の三井物産である。

金剛の建造費は二百三十六万ポンドとされ、当時の為替ルートからするとざっと二千三百六十万円ほどになる。およそ十年前、同社で建造された三笠のほぼ二倍に跳ね上がっている。

三井物産は金剛建造のコミッションとして、それまでの慣例ルートの二倍にあたる五パーセントを受け取っている。その金の一部が海軍の高級将校に渡っていたのだ。

明らかになったのは、海軍艦政本部長松本和《やわら》中将に四十万円という大金が渡されていたことだ。軍艦建造を取り仕切る艦政本部の最高責任者であり、海軍のホープと期待されていた人物が、秘かに巨額の賄賂《わいろ》を受け取っていた。

海軍の信頼、信用は地に落ちた。時の総理大臣は山本権兵衛大将であり、海軍大臣は斎藤実大将だった。共に明治海軍を育てた功労者で、日露戦争時の海軍大臣と次官であった。

この不祥事によって海軍予算は削られ、山本権兵衛内閣は責任を取って総辞職となった。この後、第二次大隈重信内閣となるが、本来は元帥になって然るべき功績のあった山本権兵衛大将及び斎藤実大将は予備役編入となってしまった。

ここまで問題が深刻で大きくなると、過去、日露戦争前に六六艦隊を外国へ発注した時も、このような贈収賄が行なわれていたのではないかと疑われた。

当時の商習慣の常識としてあったのかもしれない。いやいつの時代でも、この種の裏コミッションは存在したのだろう。昭和に入って戦後の昭和五十年代、「ロッキード事件」があった。永田町で絶大な権力と金力を誇っていた前首相が五億円の賄賂を受け取っていたことが明らかにされ、逮捕されるという前代未聞の巨額贈収賄事件があった。

だがシーメンス事件は、過去にさかのぼっての捜査は行なわれなかった。同じ年の夏には第一次世界大戦に突入したこともあり、強制的に幕引きとしたのである。

（3）陸軍の場合

陸軍の師団増設もスムーズに進まず、ギクシャクとしていた。

陸軍の師団数は、日露戦争開戦前は十三個師団、戦時中四個師団増設されて十七個師団、明治三十九年に二個師団増設が認められ十九個師団となっていた。

明治四十五年に時の石本新六陸相が急死して、上原勇作陸相に代わった。上原陸相は軍務局長の田中義一とともに、政財界に積極的な働きかけを行なった。

陸軍は以下の理由をあげて、二個師団増設を議会にはかった。

① シベリア鉄道の複線化によりロシア軍の増強が容易になっている。

② 辛亥《しんがい》革命（明治四十四年清国が倒れ中華民国が成立）によって中国情勢が不安定である。

③ 日韓併合によって、韓国に常設部隊の必要性が生じた。

これに対して政府は、

① 財政難である。

② 日露協商の成立で日露関係は安定している。

③ 世論が増設に反対している。

と返し、増設は時期尚早であるとして認めなかった。内閣の言い分の方が、筋道が通っているように思えるが、内閣と陸軍は対立を続けた。

そんななか、明治天皇が崩御された。

大喪が終わると、上原陸相は伝家の宝刀である奥の手を使った。大正天皇に単独で帷幄《いあく》上奏を行ない、自身の辞職を申し出た。陸軍は後任を推薦せず、西園寺内閣は総辞職に追い込まれた。

陸相が辞職し、後任陸相を推薦しないと内閣は倒れる。この後も、陸軍は軍の意向に沿わない内閣をこの手で倒すことができた。

これは明治三十三年、山縣有朋内閣の時に、「軍部大臣補任資格は現役武官の大将、中将に限る」と規定した、現役武官制という制度があったためである。

陸軍が西園寺内閣を倒し、その後を陸軍の後押しを受けた桂太郎が三度目となる内閣を組閣した。この陸軍の横暴に、さすがに国民の反発は強いものがあり、護憲運動の高まりもあって桂内閣はわずか二カ月で退陣を余儀なくされた。

この直後の山本権兵衛首相の時、この制度の弊害に気づき、陸軍の大反対を押し切って「大臣補任資格を予備役や後備役の将官」にまで拡大させた（この制度は昭和に入って、二・二六事件後の広田内閣の時、再び現役武官制に改悪されてしまった）。

二個師団増設の予算が認められたのは、第一次世界大戦が開始された翌年大正四年のことで、第十九師団と第二十師団が、韓国の羅南と京城郊外の竜山に設置された。

（4）八八艦隊計画なる

話を元の海軍の八八艦隊計画に戻そう。

戦艦、巡洋戦艦は日進月歩の勢いで、大艦巨砲へと一大進化を遂げていた。海軍はヴィッカース社から金剛型巡洋戦艦のノウハウを学び、民間の造船会社でも、世界一流の榛名、霧島を造艦して、イギリスに伍していけると主力艦製造に自信を深めた。

そこに水を差したのがシーメンス事件だ。国民の海軍に対する信頼は失墜したが、疑獄事件を金剛だけに限定し、山本権兵衛大将、斎藤実大将が責任をとって現役を退くことで終結とした。

直後に第一次世界大戦が勃発し、日英同盟の誼《よしみ》から日本も参戦し、ドイツと戦うことになった。世界大戦に軍事面で、日本がどのように関わったのかは後章で触れることにして、ここでは八八艦隊計画だけについて述べる。

世界大戦が長期化して、日本の産業界は大戦景気の恩恵を享受《きょうじゅ》した。船舶、武器弾薬、繊維製品、雑貨品などあらゆる製品が飛ぶように売れた。日本は空前の好景気に沸き、戦争成金が続出した。

国家予算も日露戦争時に五億円規模だったものが、戦争景気とインフレも重なって、第一次世界大戦時には三倍の十五億円程度に拡大していた。

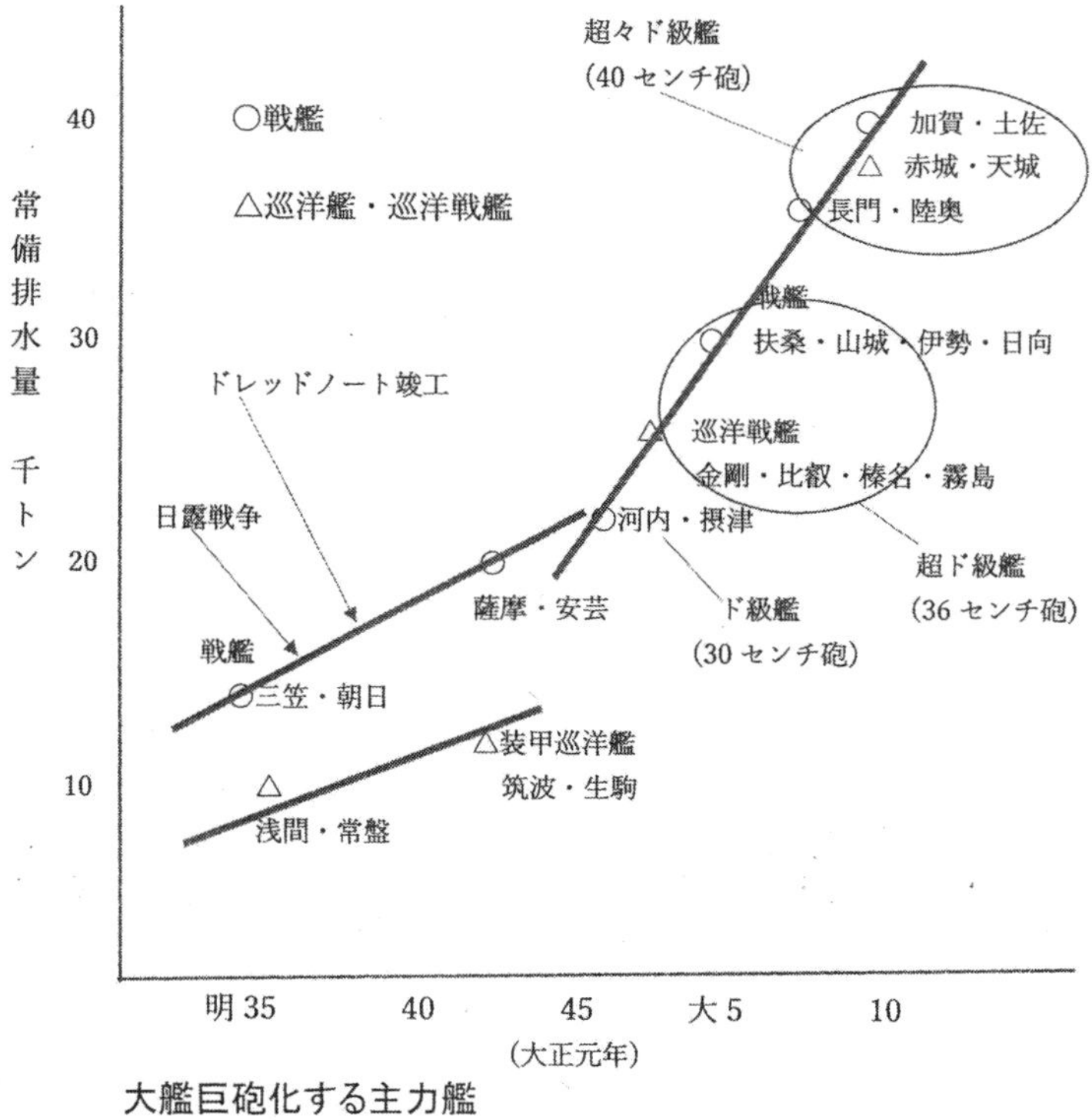
超々ド級艦
(40センチ砲)
○戦艦
△巡洋艦・巡洋戦艦
加賀・土佐
赤城・天城
長門・陸奥
戦艦
扶桑・山城・伊勢・日向
巡洋戦艦
金剛・比叡・榛名・霧島
河内・摂津
超ド級艦
(36センチ砲)
ド級艦
(30センチ砲)
ドレッドノート竣工
日露戦争
戦艦
三笠・朝日
薩摩・安芸
装甲巡洋艦
筑波・生駒
浅間・常盤
常備排水量　千トン
40
30
20
10
明35
40
45
(大正元年)
大5
10
大艦巨砲化する主力艦

大艦巨砲化の進展によって、一隻あたりの建造費が巨額となり、予算難から計画が進まなかったが、大戦景気の恩恵で予算もつけられる見通しも立ってきた。
大正四～五年には八六艦隊計画が立てられた。

戦艦――扶桑、山城、伊勢、日向、長門、陸奥、加賀、土佐
巡洋戦艦――金剛、比叡、榛名、霧島、赤城、天城

右傍線のある軍艦は就役済みである。計画中の長門、陸奥、加賀、土佐、赤城、天城はさらにグレードアップした十六インチ（四十センチ）砲搭載艦で、排水量も三万五千トンから四万トンにも及ぶ大艦である（ド級のランク付けをあえて行なえば、超超ド級艦ということになる）。
これが大正八年～九年になると、ようやく八八艦隊計画となり、順次起工に移されていった。

戦艦――扶桑、山城、伊勢、日向、長門、陸奥、加賀、土佐、（紀伊、尾張）
巡洋戦艦――金剛、比叡、榛名、霧島、赤城、天城、高雄、愛宕

八八艦隊は八年計画である。八年経ったら、次々と新造艦に置き換えていく予定である。計画は立てられたものの、問題は予算面から実現できるかどうかである。

国家予算十五億円の時代に、この計画の実現には建造費だけで約十一億円、平時編成の艦隊維持費に毎年約六億円が必要と見込まれた。陸軍費を合算した軍事費は国家予算の五割にも達する。

陸海軍あって国民、国家なしという破産予算になりかねない。帝国国防方針で、陸軍は世界一の陸軍大国ロシア、海軍は大西洋・太平洋両洋艦隊を整備しつつあるアメリカ（大正三年にパナマ運河は開通した）を、それぞれ仮想敵国と設定したことに、そもそも根本的な無理があった。

この過大な国家予算の危機を救ったのは、第一次世界大戦後の大正十年から開かれたワシントン海軍軍縮会議によってであった……。

第十章　第一次世界大戦と日本

第一次世界大戦は、一九一四（大正三）年から一九一八（大正七）年まで、計二十五か国が参戦してヨーロッパを主戦場として戦われた戦争である。主要な強国のほとんどすべてを巻き込んでおよそ四年半の長期間に及んだ。

当初は、ドイツ、オーストリア、オスマン帝国を中心とした同盟国と、イギリス、フランス、ロシアを中心とした協商国（連合国）との戦いだったが、日本やアメリカも参戦して、全世界に及ぶ大戦となった。

第一次世界大戦はそれまでの戦争とは形態や概念を一変する、激しく長期にわたる戦争となった。

- 塹壕《ざんごう》で両軍が対峙《たいじ》する戦闘となり、大量の大砲、機関銃が投入された。
- 戦車、飛行機、毒ガス、潜水艦などの新兵器が登場し、一般人も巻き込んだ戦いとなる。
- 日露戦争一年半で使った全砲弾量をわずか一週間か二週間で使い果たすような物量戦、国家総力戦となった。
■飛行機の出現により、戦争は都市部も戦場となり一般国民を巻き込み、従来の戦争と比較にならない、桁違いに多くの犠牲者が出た。
■と同時に、都市部が戦場となり、土地も家も失った何百万人という大量の難民が発生した。

ドイツの無差別潜水艦作戦のため、片っ端から商船が撃沈されて、アメリカ人犠牲者が出たため、一九一七年にはアメリカも参戦した。世界の工業大国アメリカの参戦で、連合国側が有利となり、ドイツ側が敗北して戦争は終結した。

戦争途上、一九一七年にロシア革命が起き、帝政ロシアが倒され、共産国ソビエトが誕生した。日本を含めた連合国は、ソビエトに出兵して干渉戦争も行なわれた。

この章では、日本の参戦の様子と中国に対する「対華二十一カ条の要求」、シベリア出兵を中心にして見ていくことにしたい。

（1）日本の参戦

一九一四（大正三）年六月二十八日、バルカン半島のサラエボでオーストリアの皇太子が暗殺されるというサラエボ事件に端を発し、八月初めには第一次世界大戦となった。

日本は日英同盟を結んでいたが、これには自動参戦条項は付随しておらず、同盟の適用範囲はインドを西端としたアジア地域に限定されていた。

日本国内では原敬、高橋是清（立憲政友会）、尾崎行雄（立憲同志会）、井上馨・山縣有朋（元老）などが、参戦に消極的あるいは慎重論もあったのだが、大隈重信内閣の外務大臣加藤高明らが「イギリスへの情誼《じょうぎ》と国益」の観点から参戦を主張して、八月二十三日にドイツへ宣戦を布告した。

アメリカは日本の参戦を警戒していたし、イギリスは悩ましい立場にあった。日本には力を貸して欲しいが、ヨーロッパ諸国が戦争に追われているなか、鬼のいぬ間に日本の中国に対する権益を拡大されることを恐れたというところが本音である。

参戦と同時に、日本軍はドイツの権益である山東半島に五万人の大軍を上陸させ、膠州湾《こうしゅう》の青島要塞を攻撃した。

この作戦は、日本軍にしては珍しく二カ月の期間を設けて入念な事前準備を行なった。補給路の確保、十分な攻城用重砲と砲弾を準備し、初めて参戦した飛行機で要塞の偵察を行なって攻撃にとりかかった。日露戦争で、ロシアの旅順要塞の攻略に大苦戦して、多大の犠牲者を出した轍《てつ》を踏むまいとしたのだろう。

十一月初旬に攻撃を始めるや、無理な突撃は避けて砲撃で要塞を一つ一つ潰していき、七日にはドイツ軍は降伏した。

ドイツ領南洋諸島を占領するかどうかについては、日本国内では結論が定まっていなかった。青島要塞攻撃よりはるかにイギリス、アメリカを刺激すると想定された。

ところがドイツ東洋艦隊の巡洋艦「ケーニヒスベルグ」「エムデン」などが、活発に通商破壊活動をするに及んで、南遣支隊を編成した。「鞍馬」「浅間」「筑波」「薩摩」「矢矧」「香取」などからなる強力な艦隊を派遣した。

イギリス連邦のオーストラリア・ニュージーランド軍がニューギニア、サモアを占領し、日本軍は赤道以北のマリアナ、カロリン、マーシャル諸島などを占領した。

その後日本はイギリスの要請に応えて、インド洋や地中海へ船団護衛の特務艦隊を派遣した。その総数は十八隻にも及び、地中海だけでも七十八名の戦死者を出す働きを行なった。

（2）対華二十一カ条要求

青島攻略後の一九一五年一月十八日、日本は同じ連合国である中華民国の袁世凱《えんせいがい》政権に十四カ条の要求と七カ条の希望条項を提示した。

- ドイツ帝国が山東省に持っていた権益を日本が継承すること。
- 関東州の租借期限を延長すること（本来は一九二三年まで）。
- 南満州鉄道の権益期限を延長すること（同右）。
- 沿岸部を外国に譲渡しないこと。

さらに希望条項には、「中国政府の顧問に日本人を加える」「必要ある地方には警察を日中合同とする」「日中合同の兵器廠の設立」など、中華民国を独立国とは見ない、属国扱いにするかのような強引な要求が含まれていた。

この条項は秘密とされたがただちにリークされた。報道では中国側が二十一カ条要求を突き付けられたと国際世論に訴えたため、国際的、特にアメリカから強い批判を浴びた。

中国では一九一一年〜一二（明治四十五）年にかけて、辛亥革命が起こり清王朝は倒され、中華民国が成立していた。それに伴って、かつての清国とは違う国民のナショナリズムが高まっていた。

そのため中国国内では反対運動が起こったが、日本軍を実力で排除する力はなく、日本側は希望条項を取り下げて最後通告を行なった。

袁世凱政権は日本の要求を受け入れた。袁世凱は自己の地位を強固にするために、日本の横暴を内外に喧伝《けんでん》して中国国民の団結を訴えた。中国国民はこれを強く非難し、要求を受諾した日（五月九日）を「国恥記念日《こくじょくきねんび》」と呼んだ。

中国国民から見ると、ロシアやドイツが行なった帝国主義的権利剥奪あるいは侵略行動を、今度は日本が肩代わりしただけのことである。

中国国民の日本に対する怒り、憎しみをどれだけ買うことになったか、日本は理解しなかった。これ以後、日本及び日本軍は中国国民と敵対する関係になってしまった。

（3）シベリア出兵

シベリア出兵　ウラジオストックを行進する日本軍

第一次世界大戦が始まってから四年目、ロシアに革命が起き帝政ロシア政権が倒され、共産ソビエトが誕生した。この革命で、ロシア皇帝だったニコライ二世は追放され、後に家族もろとも殺害された。ソビエトは勝手にドイツと休戦し、戦争から離脱した。

資本主義列強の連合国は共産ソビエト政権を認めず、反革命勢力を支援して革命政権の弱体化あるいは打倒を図り、ドイツとの戦争にロシアを留めさせることが、共通の利益と考えるようになった。

出兵するとなれば典型的な他国に対する干渉戦争であるが、出兵する正当な大義名分《めいぶん》がなかった。それで、ロシア軍の捕虜となっていた、チェコ軍兵士を救出するという名分を（無理に）打ち立てて各国はソビエトに出兵した。

日本では、単独でも出兵を強行して将来の大陸進出に備える、あるいは対ロシア問題を一気に解決しようとする陸軍の方針と、あくまでもアメリカと歩調を合わせて、その枠内で出兵しようとする議会や政党側との意見が対立していた。

これは明治四十年制定の帝国国防方針で懸念された、軍と政府の二元政治体制の矛盾が噴出したのである。その過程のなかで、米騒動が起きた。

世界大戦の影響で大幅なインフレが起きていた。特に米価の高騰が著しかった。輸出向けの産業が盛んとなり、都市部の人口が増えて米の需要が増加していた。

一九一八(大正七)年正月に一石十五円だった米価が六月には二十円、七月には三十円へ、さらに九月には五十円まで跳ね上がった。これはシベリア出兵が予測されるなか、米価が高騰すると見越した米問屋や流通業者が売り惜しみを行なったからである。

これでは庶民は暮らしていけない。富山県魚津町の主婦たちが集合し、町の有力者や米問屋へ押しかけ、米の廉価販売を嘆願した。これを見た当局が警官隊を出動させ、力づくで解散させようとした。

だが騒ぎは拡大し、群衆たちは資産家宅へ押し寄せ打ち壊しにまで発展した。騒ぎは富山県各所へ広がり、やがて全国へと拡散した。この米騒動は約五十日間にも及び、四十都道府県で大小の暴動が発生した。

政府は軍隊を出動させ、警察力と相まって力づくで暴動を鎮圧した。この騒動は非組織的なものであり、各個撃破され、二万人以上の庶民が検挙された。この米騒動の結果、寺内正毅内閣は倒れ、原敬《たかし》を首班とする初の政党内閣がスタートした。

一九一八(大正七)年八月、アメリカと日本はシベリアに共同出兵した。兵力は一万二千人とし、出兵範囲をウラジオストクに限定するという約束であった。

日本軍は八月二日にウラジオストクに上陸した。だが陸軍参謀本部は独断で増派を続け、北満派遣軍を含めて十月末には七万二千人の大軍となった。アメリカの派遣は七千人の兵力にとどまった。明らかに陸軍の独断による協定破りである。

一九一八年十一月にドイツ軍は降伏し、第一次世界大戦は終結した。それに伴い、チェコ軍の兵士たちも順次帰還した。これでシベリア出兵の大義名分はなくなった。イギリス、フランス、アメリカの兵士たちはそれぞれ帰還したが、日本軍は撤兵しなかった。

反革命軍の支援、あわよくば反革命派による傀儡《かいらい》自治政府を樹立して緩衝《かんしょう》地帯とする、あるいはシベリア鉄道の要衝を制圧する目的だったと思われる。

派遣された兵士たちは酷寒のシベリアの地で、ソビエト政権を支持するパルチザンのゲリラ戦に苦しめられ、たびたび駐屯部隊が襲われ、損害を受ける事態が発生した。

イギリス、フランス干渉軍が撤退した後も占領を続けた日本軍と、ロシアのパルチザンとの間で大きな衝突事件が起こった。北洋漁業の基地であったアムール川河口にあったニコライエフスクで、駐留日本軍とロシアパルチザンが衝突し百二十二名が捕虜となった。

これを救出するため日本軍救援部隊が到着すると、パルチザンは日本軍捕虜と反革命派のすべてを殺害して撤退した。これがニコライエフスク事件(日本では尼港《にこう》事件という)である。日本軍はこの事件の報復として、対岸にある北樺太を占領した。

日本軍がシベリアから撤兵するのは、ワシントン軍縮会議でアメリカから強い勧告を受けた後の、一九二二年十月のことである。北樺太からの撤退はその三年後である。

シベリア出兵は大陸から撤兵まで足かけ五年、北樺太からは七年間にわたる日本軍の海外派兵であった。宣戦布告もなく始められたこの戦争で、日本軍の戦死者は推定で三千～四千人、零下三十度という極寒の地で凍傷となったりして死傷者は一万人にも達する。費やされた戦費は十億円に達したともいう。

それで得られたものは何かあったのか？　何もなかった。何の大義名分もない「無名の出師」であり、国民からの支持もなかった。国民の多大な犠牲と諸外国からの非難と不信感だけが残ったのだ。これでは犠牲となった兵士たちは浮かばれない。

こんな無謀な戦争をなぜ行なったのか。戦争の内実は国民には知らされなかった。国会で追及もされなかった。誰かが責任を負ったということもなかった。陸軍統帥部の暴走による暴挙の第一号だったといえる。

（４）第一次大戦と日本のまとめ

第一次世界大戦は、日本にとって何だったのか――一言で表現すれば漁夫の利を占めた戦争だったのではないだろうか。

わかりやすく箇条書ふうにまとめると以下の通りとなる。

①　大戦景気といわれるほどの好景気に恵まれた。輸出が爆発的に伸び、製造業者は大いに潤った。日露戦争の結果、日本は八億円ほどの負債国となったが、大戦景気のお陰で逆

に約十五億円の債権国となった。だがそれは所詮バブルであり、大戦終結とともに不況という反動を受けることになった。

②中国の山東半島にあったドイツの租借地青島を攻略し、その権益を継承しようとした。

③中国に対し「対華二十一カ条の要求」を突き付け、主要な内容を飲ませた。その結果、ナショナリズムが台頭しつつあった中国国民から強い憎しみを買うことになった。

④海軍はドイツ領南洋諸島を占領した。大戦後、国際連盟からの委任統治領となった。だがこれは、太平洋における日本とアメリカの、覇権争いをめぐる緊張を高める結果にもなった。

⑤連合国と協調してシベリア出兵を行なったが、陸軍はシベリアに権益を広げようとして、国際協調を逸脱して大兵力を派遣、無益の戦争を続けて国際的非難を浴びた。

⑥大戦終結後、国際連盟が発足した。日本はイギリス、フランス、イタリアとともに常任理事国となった。だが、国際連盟はアメリカ、ソビエト、ドイツは参加せず（後にソビエト、ドイツは参加したが、その後脱退した）、活動に限界があった。後に、満州事変後日本も脱退してしまった。

⑦第一次世界大戦は、それまでの戦争とはまったく概念の異なる国家総力戦だった。戦争遂行力とは、表面的な陸軍と海軍の軍備や兵力量ではなく、その国の国力……資源、工業力、科学力、情報、外交、人的資源など国家の総力によって決まる。また、空軍という新しい戦力が投入されることによって、戦場と都市の区別がなくなりその惨禍《さんか》は莫大なものとなった。

陸軍も海軍も、将来幹部となる優秀な将校を多数ヨーロッパに派遣して、世界大戦を見学させた。だが彼らは、どれだけ戦争の本質を学んだのかはなはだ疑問である。

明治四十年四月に、陸軍参謀本部と海軍軍令部が中心となって帝国国防方針が定められた。陸軍は「満州および韓国に扶植した利権の確保」＝北進論、海軍は「東アジアへの経済発展」＝南進論、南北併進の目的が達成されたのが、日本の第一次世界大戦だった。

だがこの帝国国防方針は、統帥権の独立の名のもとに、内閣が容喙できないという制度上の欠陥もはらんでいた。その弊害が端的に露呈したのがシベリア出兵であった。戦争に乗じてスキあらば利権にあやかろうと、野郎自大《やろうじだい》の国家になりつつあったと思える。

第十一章　ワシントン体制

一九一八年にドイツが降伏し、第一次大戦は終結した。翌年からパリで講和会議が開催された。英米仏伊日が主要五大国であった。日本全権は西園寺公望《きんもち》と牧野伸顕《のぶあき》である。

アメリカのウッドロー・ウイルソン大統領は、みずからパリに乗り込み、「無賠償・無併合による講和、秘密外交の禁止」、「集団安全保障の理念にもとづく国際調停機関＝国際連盟の設立」「民族自活」など、十四カ条の講和の原則を掲げて会議をリードしようとした。

ウイルソンは敗戦国への過酷な制裁に強く反対したが、イギリスのロイドジョージやフランスのクレマンソーらは、ドイツに対する巨額の賠償金請求とその軍事大国化を予防するための措置を主張し、結局は英仏の主張に押されてベルサイユ条約では、ドイツに対する過酷な制裁条件が課されることになった。

日本全権は人種差別撤廃を提案したものの採択に至らず、錯綜《さくそう》するヨーロッパの問題には不介入の方針だったので、「サイレントパートナー」と揶揄《やゆ》された。

パリ講和会議ではさまざまな困難を克服して国際連盟創設が実現した。一九二〇年一月十日のことである。だがアメリカには、伝統的なモンロー主義（ヨーロッパ諸国のことには干渉しない）の考え方が根強く残っていた。そのため議会の承認が得られず、アメリカは連盟に加入することはなかった。

アメリカ合衆国が国際協調のリーダーとなるという、ウイルソンの構想は否定されてしまったが、国際社会はウイルソンの理念と行動を高く評価し、ウイルソン大統領にはノーベル平和賞が授与された。

（1）アメリカがリードした国際会議

その後ウイルソンは病に倒れ、代わって登場したのがウォレン・ハーディング大統領だった。ヨーロッパについては、ベルサイユ条約により大戦後の枠組みと体制が決まった。だが第一次世界大戦の間隙をついて膨張に成功したのは日本であり、中国遼東半島や太平洋の南洋諸島に進出した。しかも八八艦隊という大艦隊を建造しようとしている。アメリカとしては看過できない危険な状況である。

ハーディング大統領は、イギリス、日本および中国、太平洋に利権を持つ諸国に対して、海軍軍縮そして太平洋、中国問題についての国際会議をワシントンで開催すべく呼びかけを行なった。

イギリスは第一次大戦で勝利したものの国力を使い果たし、アメリカから四十億ドルを超える債務を抱えていたので異論はなかった。日本も八八艦隊計画実現に邁進したものの財政負担が大きかった。時の原敬首相は対米協調を政策の柱としていたのでこれまた異論はなかった。

こうして一九二一（大正十）年十一月十二日～翌二二年二月六日まで、ワシントン軍縮会議が開かれた。日本は加藤友三郎海相、外務省から幣原喜重郎、議会から徳川家達の三名が全権として参加した。

この会議直前の十一月四日、不幸な出来事が起こる。東京駅で原敬首相が暗殺されたのである。原は生前ワシントン会議について「この会議が失敗すれば世界は再び鉄火の洗礼を受ける」と語っていたので、日本の基調は変わらなかった。

この会議に臨むアメリカ、イギリス、日本の思惑は次のようなものだった。

◇アメリカ

ヒューズ国務長官を主席全権とするアメリカ代表団にとって、会議の目的は太平洋、中国に対する日本の膨張を抑え、日英同盟を解消させることにあった。

- 日英同盟の廃止により、米英間の緊張を解除する。
- 日本に対して劣位に立たない海軍軍備比率で合意する。
- 中国における門戸開放政策の継続を日本に受け入れさせる。

◇イギリス

バルフォア外相を主席全権とするイギリス代表団は、アメリカと多くの利害を共にした。

■西太平洋の平和と安定の達成。
■アメリカ合衆国との海軍軍備拡大競争の回避。
■英国の影響下にある地域への日本進出阻止。

◇日本

加藤友三郎首席全権は、原首相の遺言通り会議の成立を目指した。

■海軍軍縮条約を米英と締結する。できれば主力艦七割の比率を確保する。
■満州とモンゴルにおける日本の権益について正式な承認を得る。

(2) 太平洋の新しい枠組み

こうしてワシントン軍縮会議は開始されたが、条約は三つに分けて締結された。その内容は次の表に要約される。

条約の主眼である海軍軍縮会議は、日本と米英の主張の隔たりが大きかった。日本側は主力艦の対米英比率七割を主張した。アメリカ案は六割だ。この一割を巡って激しいやりとりが行なわれた。

この一割の差は何に基づくものか? 日本海軍では次のように考えたようだ。

日本海軍はアメリカと戦争となった場合、日本近海もしくはマーシャル諸島などの委任統治領付近で艦隊決戦を行なうことを想定していた。日露戦争における日本海海戦と同じパタ

条約名	成立年	条約調印国	主な内容
四カ国条約	1921 (大正10)	日本・アメリカ・イギリス・フランス	太平洋地域における相互利益の尊重、防備強化はしない 日英同盟の廃棄
九カ国条約	1922 (大正11)	日本・アメリカ・イギリス・フランス・イタリア・ベルギー・オランダ・ポルトガル・中華民国	中国の主権尊重、領土保全、門戸開放、日本の山東省旧ドイツ権益の中国への返還
海軍軍縮条約 (五カ国)	1922	日本・アメリカ・イギリス・フランス・イタリア	主力艦等の保有量の制限 10年間の主力艦の建造禁止

ーンである。

戦術論の一つに「戦力は兵備量の二乗に比例する」がある。七割の場合は戦力比一〇〇対四九となるが、六割なら一〇〇対三六となってしまう。一方で攻者は守者の五割増の戦力が必要だとの原則がある。

これを日米の艦隊決戦に当てはめれば七割なら何とかアメリカ艦隊と戦えるが、六割では難しくなるという論法だ。だが、会議は終始アメリカペースで進んだ。何となれば、アメリカは日本が考えも及ばない秘密兵器を持っていたからだ。

アメリカの「ブラックチェンバー」という暗号解読チームは、日本が使っていた暗号の解読に成功していた。秘かに日本の手の内を知ったうえで交渉に臨んでいる。これではまともな交渉にならない。

ちなみにいえば、この後日本が太平洋戦争に敗れるまで、昭和五年のロンドン軍縮会議、昭和十六年の日米交渉から十二月八日の最後通牒に至るまで、日本の暗号はすべてアメリカに読まれていた。また戦争中も、ミッドウェイ作戦の大敗、山本五十六連合艦隊司令長官の戦死に至るまで、

ワシントン軍縮会議　第一回総会は公開のもとに開かれた

すべて暗号解読されたことによる敗戦である。

結果的に主力艦は対米英に対して六割、すなわち一〇：一〇：六の比率に決まった。そのうえで現在計画中あるいは建造中の戦艦はすべて廃棄と決まった。

ここで日本の全権加藤友三郎から一つの提案が出された。戦艦長門は就役していたが、陸奥は完成一歩手前にあった。「陸奥の就役を認めてほしい」と申し入れた。

この日本提案は受け入れられた。これで四十センチ砲を搭載した世界の戦艦は、

- 日本　「長門」「陸奥」
- 米　「コロラド」「ウェストバージニア」「メリーランド」
- 英　「ネルソン」「ロドネー」

の七艦のみとなり、「世界のビッグ7《セブン》」と呼称された。

航空母艦については、まだ海のものとも山のものとも評価は定まっていなかったが、戦艦に準じて米英十三万五千トン、日本八万一千トンとされた。

そのため日本では建造中であった、高速の巡洋戦艦「赤城」と「天城」が航空母艦に改装されることになった。だが、天城は関東大震災で艦体が大きく損傷したため、戦艦「加賀」が代役となって空母に改装された。アメリカも同じく巡洋戦艦「サラトガ」と「レキシントン」が航空母艦に改装された。

そして今後十年間は、各国とも新たに戦艦は建造しないということも決められた。各国とも建艦競争からくる財政難から解放された。ネイバルホリデー（海軍休日）の時代に入った。

会議終了時、首席全権加藤友三郎大将は、随員の堀悌吉《ていきち》中佐に口述筆記させ本国の海軍省に報告した。

「国防は軍人の専有物にあらず。戦争もまた軍人にてなし得べきものにあらず。……」

としたうえで、戦争には巨額のお金が必要で、その外債に応じてくれそうな国は米国以外に見当たらず、それゆえ日米戦争は不可能である、と結論づけた。

加藤友三郎大将による「不戦海軍論」というべきもので、彼は軍人からステーツマン（政治家）へ飛躍した。事実、帰国後まもなく首相に就任した。ところが現職のまま病に倒れ急《きゅう》逝《せい》した。その直後に日本は関東大震災に襲われてしまうのだった。

ワシントン会議は海軍軍縮だけでなく、太平洋・中国問題についても取り決めが行なわれた。日本にとって重要な項目をあげてみる。

■ドイツから引き継いだ山東半島における日本の権益は中国に返還することになった。
■日英同盟は解消された。太平洋諸島の軍事基地化しない（ハワイは対象外）。
■出兵中だった日本軍はシベリアから撤兵する。

建艦競争だけでなく、中国、太平洋にも穏やかな休日が訪れるかと思われた。だが、実際はそうならなかった。平穏を乱したのは、残念ながら日本であった。

（3）軍縮会議の余波

加藤友三郎首席全権は、高度の政治力を発揮して部内の不満を抑えて、軍縮条約を締結までまとめあげた。だが海軍部内には「七割死守」を叫び、「貫徹できなければ撤退止むなし」を主張する強硬派の人たちも少なからずいた。

主席随員の加藤寛治中将や同じく随員の末次信正大佐などが、その強硬派の筆頭である。彼らは米英比率六割に抑えられたことに憤懣《ふんまん》やる方なかったが、ともかく暴発することなく収まった。

彼らは帰国後東郷元帥に報告すると、「決まったことは致し方ない。でも訓練に制限はないでしょう」と諭された。

これ以後、日本海軍は主力艦六割の劣勢で、どうアメリカ海軍に対抗するかに狂奔《きょうほん》する。その内容を要約すると次のようなことになるだろう。

▪猛訓練による技術優位を目指した。特に夜戦を重視した。
▪個艦優越と防御力を犠牲にしても攻撃力強化に特化した。
▪潜水艦の性能向上により、通商破壊ではなく艦隊決戦に活用するものとした。
▪条約の対象外だった大型巡洋艦（一万トン以下）を大幅に強化した。潜水艦と快速巡洋艦で本決戦の前に襲撃を加えて、対等の比率にする漸減作戦を研究。

日本海軍は艦隊決戦主義に徹し、アメリカ海軍と「此一戦」に勝利することに全力をあげた。持久戦や長期戦はほとんど眼中になかったようである。

ワシントン会議から八年後の昭和五年、今度はロンドンで巡洋艦、駆逐艦、潜水艦などの補助艦艇に関する軍縮会議が開催された。

海軍は大型巡洋艦で七割、全体でも七割を強硬に主張したが認められず、大型巡洋艦で六割、全体の総括比率で七割に近い線で交渉はまとめられた。

当時の日本海軍は、七割が得られなければ条約を脱退すべしと主張する艦隊派（強硬派）と、国際協調を重視すべきとする穏健な条約派に二分された。

艦隊派の旗頭は加藤寛治軍令部長と末次信正次長である。加藤軍令部長は絶対反対をとなえて抵抗したことから、「統帥権干犯」問題に発展した。軍令部長が同意しない軍縮条約を日本政府が結んだことは統帥権の干犯であるというのだ。この問題は国会の政治論争にまで発展した。

政府の浜口雄幸首相は、統帥権干犯問題に憤激した右翼青年によって狙撃され重傷を負った。そして翌年亡くなった。

東郷平八郎元帥は老齢であったが海軍では神様的存在であり、強硬意見である艦隊派の一団に担がれて、しばしば強硬な意見を口にするようになった。

海軍はロンドン条約締結をめぐって大きく揺れた。その余波で前途有為の国際通、良識を持った多くの提督が海軍を追われることになった。これは海軍と日本にとって大きな損失であった。

ロンドン軍縮会議から四、五年後、日本海軍はワシントン会議およびロンドン軍縮会議から脱退するという選択を行ない、無条約時代に入った。

だが、海軍強硬派の軍人たちは、判断を誤ったとしか言いようがない。工業生産力で日本の十倍以上の国力のあるアメリカと、建艦競争などやっていけなくなるのはわかりきったことなのである。

そこで選択したのが個艦優越の極致、十八インチ砲九門搭載の戦艦「大和」「武蔵」の建造である。だが、大和、武蔵が戦局にほとんど寄与できずに撃沈されたことは、歴史が証明した通りの事実である。

（4）航空機の台頭《たいとう》

ここまで時代が進んでくると、軍用航空機について触れておかなくてはならないだろう。アメリカのライト兄弟により、有人動力飛行機が初めて空を飛んだのが一九〇三（明治三十六）年のことであった。それから僅か十一年後に第一次世界大戦が開始された。

飛行機は軍用機としてすぐに採用され、著しい進歩を遂げていた。日本ではドイツ軍陣地のあった青島攻撃に、航空機が初参加したが、ヨーロッパの空の戦いから比べれば子供だましのようなものであった。

ヨーロッパの戦場では数万機の航空機が飛び交い、制空権を巡って激しい戦いが行なわれた。軍用機も戦闘機、偵察機、爆撃機、艦船攻撃機、輸送機と目的別に発達を遂げていた。日本と欧米諸国との間では、比べようのないくらい格差が生じていた。

そこで陸軍も海軍も海外の先進国から、進んだ機体を輸入すると同時に、運用術についても指導者を招いて基礎から学ぶことにした。

陸軍では、大戦終結の翌年、フランスからフォール大佐を団長とする仏国航空団を招聘《しょうへい》した。フランス航空団は総勢五十七名で、埼玉県所沢陸軍飛行場、岐阜県各務原《かがみがはら》陸軍演習場などで、四月から八月まで教育を受けた。

それに対し、海軍はイギリスからセンピル大佐を長とする二十九名の飛行団を招いて、一九二一（大正十）年九月から十八カ月間の長期にわたり指導を受けた。日本海軍はそれまで水上機しか運用していなかった。霞ヶ浦では艦上機の操縦と射撃、偵察、爆撃、雷撃の講習が行なわれた。

センピル大佐は、日本海軍の飛行学生たちを厳格かつ徹底的に鍛えあげた。陸軍も海軍も航空隊らしい陣容を整えることができたのは、この仏英の航空飛行団の教習の後である。

一方、航空機の国内製造については、一人の現役士官の存在によるところが大きかった。その士官とは中島知久平海軍機関大尉である。

中島知久平は、群馬県新田郡尾島町の農家の長男に生まれる。農家の長男は農家を継ぐとの親の方針の下、中学校への進学が認められなかった。だが向学心止み難かった知久平は、家の神棚にあった繭の売上金を手にして東京に出た。

彼は独学で猛勉強の末、専検（現在の大検と同じ上級学校受験資格）をパスして、見事難関の海軍機関学校に入学する。これが明治三十六年のことで、奇《く》しくもアメリカでライト兄弟が初飛行に成功した時のことである。

知久平は優秀な成績で卒業するが、在学中から飛行機の将来性に注目していた。アメリカに留学した後、海軍工廠で飛行機の制作に従事するが、官営工場で進歩の激しい飛行機を制作することに疑問を持つようになる。

知久平は「職退の辞」と題する一大論文を書いて海軍を辞め、出身地の太田町で民間会社を立ち上げ飛行機を制作することを決断した。大正六年のことである。職退の辞は決意書でもあり啓蒙書でもあった。その論旨は次のようなものである。

「……日本のような貧乏国が戦艦の数をアメリカと競うべきではない。戦艦「金剛」の制作費を以てすれば、優に三千機の飛行機を制作し得べく、その飛行機が魚雷を携行すればその力はるかに金剛に勝る。官営工場では予算の制約があって年一度の飛行機しか制作できず、これでは進歩著しい飛行機制作についていけない。自分は一切の役得を放擲《ほうてき》して民間で優秀な飛行機を造ることで国家に貢献したい」

大正六年といえば第一次世界大戦の渦中にあり、海軍は八八艦隊建設に邁進している時で、飛行機に関心を持つ人はほとんどいなかった。

中島飛行機は創業の苦しさを乗り越えて、二〜三年後の大正九年には傑作機「中島式四型六号機」が陸軍に採用され、七十機の大量受注を得た。海軍からも水上機三十機が採用され、会社の基礎を固めることができた。

中島飛行機は三菱や川崎などの大会社と比肩すべくもない、駆け出しの小さなベンチャー企業に過ぎなかった。大学を卒業した優秀な工学士がいたわけでもない。

三菱や川崎は八八艦隊の大戦艦の建造に取り組んでいた。だが、ワシントン軍縮会議で今後十年間は戦艦を建造しないことになった。慌《あわ》てて飛行機製造に乗り出すが、中島飛行機の方が一歩も二歩も先を行く、いわゆる先行の利を占めていた。

後に中島飛行機は、名古屋の三菱航空機と並んで日本最大の軍用機製造メーカとなり、現在その後継会社は自動車メーカのスバルである。

終　章　歴史は繰り返すのか

（1）アジアの星

日露戦争の大きな意義は、当時絶対不敗と信じられていた白人種のキリスト教徒が、アジアの黄色人種である異教徒に敗れたことである。

当時は全世界において有色人種は白人種の支配下にあった。その西欧帝国主義の植民地化の波が、遠くユーラシア大陸を越えて朝鮮半島に迫ってきたときに、有色人種の国である日本が立ち上がり、初めて白人種の大国ロシアを破り、有色人種が反撃に転じた戦争であったと、例えることができる。

日本の勝利は、長らく植民地の圧政に苦しむアジアの指導者たちに、勇気と希望を与えた。

近代中国建国の父とされる孫文は、日本の神戸で演説した。

「日本がロシアに勝った。これはアジア民族のヨーロッパに対する勝利であり、アジアの諸民族は非常に歓喜し、大きな希望を抱くに至った」

インドの首相となるジャワハルラール・ネールは、「私が若い頃に日露戦争があったが、日本勝利のニュースが見たくて、新聞が待ち遠しかった。また大国ロシアに勝った日本を知りたくて、日本に関するあらゆる本を読んだ。日本の勝利は、アジアにとって偉大な救いであった」

と回想している。ベトナムやフィリピンの民族主義的指導者たちも、同じような賞賛の言葉を残している。

このため日露戦争後は、中国をはじめとするアジア諸国からの日本留学生が急増し、一万人を超える学徒が日本に学ぶために来日していた。

大国ロシアに対する日本の勝利を歓迎したのはアジア人ばかりではない。長年ロシアの領土拡大圧力に苦しめられたトルコやフィンランドなどでも熱狂的に支持され、バルチック艦隊を滅ぼした東郷平八郎大将の名にちなんで、息子に「トーゴー」と名付けたり、「トーゴービール」が人気を博したりした。

日露戦争中、アメリカに渡り日露講和斡旋のために尽力した金子堅太郎は、全米各地で講演を行なったが、次のように日本の立場を訴えていた。

「日本は領土的野心のために戦っているのではない。ペリー提督がもたらした門戸開放のために戦っている。将来、世界皆兄弟という東洋西洋の聖教の本旨を実現させる希望を日本人は抱いている」

この言葉は多くのアメリカの有識者たちの心に響いた。だが、日露戦争後明治四十年に裁可された帝国国防方針では、国家戦略を次のように規定した。

「日露戦争において幾万の生霊および百万の財貨をなげうちて満州および韓国に扶植したる利権と、アジアの南方および太平洋の彼方に皇張しつつある民力の発展を擁護するのは勿論、益々これを拡張するを以て、帝国施政の大方針と為す」

日露戦争の勝利によって、どう見ても日本は列強帝国主義国に変節してしまったと思う他はない。

アジアの星がロシアやイギリス並みの武力によって利権を擁護し、領土を拡大しようとする帝国主義国家に変わってしまったのである。

この日本の変節に敏感に反応した一人が、イギリスのタイムズ敏腕記者だったモリソンである。モリソンはタイムズ北京駐在特派員時代、義和団の乱後、ロシアが遼東半島の旅順を占領し、清との間で交わされた秘密協定をスクープしたことで知られる。

モリソンは義和団の乱に際し、列国の公使館を死守する献身的な日本兵の姿に感銘を受け、親日派の立場をとってきた。日英同盟締結や日露開戦後の日本軍に好意的な立場から記事を書いて応援した。

だが、日露戦後、モリソンの態度は一変する。日露戦争における日本の勝利には、欧米の世論が大きく貢献したにもかかわらず、戦後の日本は満州の権益を独占しようとした。この増長して高飛車な態度がモリソンを大いに憤らせた。

当時の日本を代表するジャーナリストであった徳富蘇峰《そほう》は、「北京にあるタイムズ特派員モリソン博士なども、明治三十七、八年の地蔵顔は、その翌々年に至りては閻魔《えんま》顔に激変した」

と書いた。

モリソンは一九一〇（明治四十三）年の日韓併合を強く非難し、中華民国成立にあたっては自ら袁世凱の政治顧問となって、アジアの自立を助けようとした。日本軍部の拡大政策とほとんど敵対する関係にまでなってしまった。

モリソンの日本に対する感情の変化は、アメリカのルーズベルト大統領や有識者たち、立場は異なるがアジアの民族主義的指導者に共通する感情であったのに違いない。日本に対する尊敬の念は、軽蔑と失望に変わってしまった。

（2）大日本主義か小日本主義か

日本においても日露戦争後、国家目標（ビジョン）をどのようにすべきかについての議論があり、軍事力を背景とした拡大戦略に批判的な人も多くいた。東洋経済新報の石橋湛山《たんざん》もその代表的な一人である。

石橋は経済的な実利の面から軍拡財政や植民地拡大政策について批判し、日本のあるべき姿を論じた。そうした主張には相当の覚悟と勇気を必要としたと思われる。断片的になるが、石橋湛山の主張に耳を傾けてみよう。

まず言論の自由の大切さを自社発行による雑誌の社説で説いた。

「弾圧よりも大いに共産主義を語らせる言論の自由を認めるべきだ」
「自由な言論はうっ積すべき社会の不満を排せつせしめ、その爆発を防ぐ唯一の安全弁である」
「社会を明朗ならしむる第一条件は言論の絶対自由だ」

また国家のあり方として、大日本主義か小日本主義か、利害得失を並べて大日本主義には経済的利益は少なく、小日本でいくべきだと主張した。

■大日本主義――国家主義、軍国主義、専制主義、拡大主義
■小日本主義――産業主義、自由主義、個人主義、貿易重視

第一次世界大戦で日本軍が参戦し、ドイツ領青島攻撃や中国に対する「対華二十一カ条の要求」を激しく批判した。

「膠州湾のドイツ陸軍のごときは棄てておいて害なし。むしろかかる微々たる者を相手に大兵力を送り、攻略せんとすれば、日本は当然の責任と義務の範囲を超えることになり、逆に禍乱を生じるだろう。青島は断じて領有すべからず」
「中国に対する談判は、ドイツに開戦して青島を取ったことから糸を引いて出て来た大失策である。その我が帝国に残す禍根に至っては、一層重大である。我が要求が多く貫徹すればするほど、世人はこれを大成功として祝杯を挙げるだろうが、吾輩はまったく所見を異にし

て、禍根のいよいよ重大なるを恐れるものである」

また石橋は大正十年、ワシントン軍縮会議の直前に、歴史的な論文を書いた。それは「一切を棄てるの覚悟」と題するものである。

「もし政府と国民に、総てを棄てて掛かるの覚悟あるならば、必ず我に有利に導き得るに相違ない。例えば満州を棄てる、山東を棄てる。その他中国が我が国から受けつつありと考うる一切の圧迫を棄てる。又例えば朝鮮に、台湾に自由を許す、その結果はどうなるか。英国にせよ、米国にせよ、非常の苦境に陥るだろう。何となれば彼らは日本にのみかくの如き自由主義を採られては、世界に於けるその道徳的位置を保つを得ぬに至るからである」

石橋湛山の主張は、今日のわれわれからみるとすべてが首肯《しゅこう》し得る堂々たる正論である。だが当時としては少数意見であり、大日本帝国主義にひた走る勢いを止めることはできなかった。

（3）愛国者から反戦主義者へ

日露戦争に洛陽《らくよう》の紙価《しか》を高めた戦記文学といえば、陸軍にあっては旅順攻防の激戦を描写した桜井忠温《ただよし》の『肉弾』、海軍にあっては日本海海戦を活写した水野広徳《ひろのり》の『此一戦』が双璧だろう。作者はともに愛媛県松山出身の現役士官であり、自身の実戦体験を基にして作品を書いた。

同じ松山の出身といえば、連合艦隊の作戦参謀秋山真之中佐も名文章家として知られている。秋山と松山中学、大学予備門で同級生の正岡子規、その弟子にあたる高浜虚子、河東碧梧桐らも松山出身である。

秋山や正岡と大学予備門で同級生だった、夏目漱石も松山中学の英語教師として赴任し、その体験から名作『坊ちゃん』を書いた。どうやら松山という地には、文学や名文筆に深い縁があるようである。

水野広徳は海軍兵学校を出て、日露戦争には大尉の水雷艇長として参加した。旅順閉塞作戦の記録が、たまたま全国紙に掲載されたことから注目された。

それが機縁となって戦争終結後、軍令部戦史編纂《へんさん》部に出仕を命じられ、『明治三十七八年海戦史』の編纂作業に従事した。水野大尉は日露戦争の海戦に関するあらゆる資料、記録に目を通した。艦隊勤務と違って様々な書物に触れる機会もあっただろう。

その経験をベースにして文学書としての『此一戦』を、明治四十四年に博文館から出版した。日露戦争の余韻まだ冷めやらぬ当時、この本が一大ベストセラーとなった。

間もなくして第一次世界大戦が始まる。水野は私費での欧米視察を願い出て許される。留学の資金はベストセラー本の印税である。水野は二度出張したが、正規のエリート官費留学生とは違う目線で世界大戦の実相を見た。

衝撃を受けたのは都市爆撃のすさまじさである。石やレンガでできたロンドンやヨーロッパの都市でさえ被害が大きいのである。木と紙でできた日本の都市家屋など爆撃を受けたらひとたまりもない。大艦巨砲で戦争の雌雄《しゆう》を決しようとするのは、時代遅れではないかと疑問を持った。

二回目の出張ではそれまでの兵士同士が戦う戦闘方式と違い、国家総力戦となり、民間人である女性子供老人たちの死体の山を目の当たりにした。日本のような工業力も国力も貧弱な国では、国家総力戦には耐えられないとの思いに至った。

水野広徳はそれまで、ごく普通の愛国心に富んだ海軍士官であった。それがヨーロッパ視察を境にして日本は戦争をすべきではない、とする反戦主義者に一変した。ワシントン軍縮会議に出かける加藤友三郎首席全権と面会し、「日本はいかに戦争に勝つよりも、如何にして戦争を避くべきかを考えることが緊要です」と提言した。加藤も内心では相通じるものがあったのではないかと思われる。

水野は「戦争を防ぎ、戦争を避くる途は、各国民の良知と勇断とによる軍備の撤廃あるのみである」という内容の評論を、新聞に掲載したことで海軍から謹慎処分を受けた。

彼は自分の良識と信念に照らして海軍を退職して執筆家、評論家として生きていく決断を行なった。以来、元海軍大佐となった。

大正十二年には『新国防方針の解剖』を発表した。これは同年に改定された「新国防方針」を基にして日米戦争を分析し、日本の敗北を断言した。

昭和五年には日米戦の未来戦記『海と空』を刊行した。空襲を受ける東京を「逃げ惑う百万の残留市民父子夫婦、乱離混交、悲鳴の声」「跡はただ灰の町、焦土の町、死骸の町、大建物の残骸がローマの廃墟の如く突っ立っている。人間の焼ける臭気が風に連れて鼻を打つ」と、仮想戦記でありながらじつに生々しく描写した。

昭和六年には関東軍が謀略によって満州事変を起こし、日本の傀儡国家満州国を建国した。陸軍主導のこの暴挙に、日本のマスコミのほとんどが賛意を表明した。

水野はその翌年、『海と空』をさらに膨らませた『打開か破滅か、興亡の此一戦』を刊行した。「日本の満州国承認は、国際連盟を驚愕《きょうがく》せしめ、中国を悶殺《もんさつ》せしめた」と記述し、発売禁止処分を受けた。

水野広徳が作品や論文で提起した問題点、未来戦記の内容は、その後の日本の歩んだ軌跡を正しく予測していた。

石橋湛山といい、水野広徳といい、時局に流されずに少数意見であっても、信念を曲げずに正しく未来を予測する能力とは、どこから得られるものなのだろうか。

（4）その後の日本

昭和に入ってからの日本は、明治四十年制定の帝国国防方針を拡大解釈し、統帥権独立の名の下に戦争への道を突き進んでしまった。その軌跡は別表の年表に示す通りである。

昭和十二年からの日中戦争は全面戦争となり、政府は国家総動員法を発動し、すべてが政府の統制下に置かれた。産業はほとんど軍需産業と化し、生活必需品は最低限のものとされた。

戦時財政から見ると、どのような実体だったのか？　詳しい数字はわからないが、国民総生産の二倍に相当する債務（国民に対する借金）があったとされる。

戦争が終わってみると、三百万人以上の国民が戦死し、全国の各都市は爆撃で焼かれた。その混乱の最中《さなか》に、預金封鎖と新円切り替えが行なわれた。これは要するに国民に対する日本政府が行なった借金踏み倒しである。

多くの国民は、「命が助かっただけでも幸いだった」とあきらめる他はなかった。この荒療治により、国民が持っていた現金、債券など、財産の多くは失われた。

衣食住すべてが足りなかった。食料や素材料を所有している者は圧倒的に有利で、多くの国民はみじめな生活を送るしかなかった。戦後の日本は、その惨めなどん底から立ち上がって復興した。

日本の産業界が本格的に復興に向かうのは、朝鮮戦争の特需によってである。第一次世界大戦と同じく、ここでも戦争特需が神風となったのは事実である。

戦前の軍国主義による国家運営失敗の反省から、平和国家に徹し、ひたすら経済大国への道を歩んだ。国民が努力し懸命に働いた結果、昭和二十五年から数えて四十年後、日本は世界第二位の経済大国となった。

バブルの強力な追い風もあって、一時はアメリカを圧倒する勢いもあった。「ジャパン・アズ・ナンバーワン」などとおだてられて、浮かれていたのかもしれない。

だが昭和天皇が崩御され、平成時代に入るとバブルが弾《はじ》けて経済的な停滞が目立つようになった。それから今日まで三十年余りの間、日本は経済的にまったく成長できなかった。膨大な赤字国債を投入しながら、「夢をもう一度」と試みるも現状維持が精一杯の結果しか残せていない。

一九八〇年代末までは日本の良き時代だった。アメリカから最新技術を取り入れ、それを磨いていけば、アメリカの巨大マーケットに売れたし、世界にも商品が売れた。韓国や台湾、中国はまだライバルではなかった。

日本は人材以外にこれといった資源を持たない国だ。資源を輸入し、加工して輸出する。その加工賃で生きていける国である。かつて日本が得意としてきた産業――鉄鋼、造船、家電、ＯＡ機器、半導体、太陽電池（ソーラーバッテリー）、携帯電話（スマホ）、リチウム・イオン電池など、今日ではことごとく優位性や競争力を失ってきた。

ＩＴ（情報技術）の分野でも主導権はまったく取れていない。社会システムのデジタル化など、先進国とは周回遅れとの評もある。

かつては電子立国日本を高らかに謳《うた》い、産業の米とされた半導体ではアメリカやヨーロッパを圧倒し、世界のトップランナーだった時代もあったのだ。だがその半導体は、今や見る影もない。産業の戦略なき政策の失敗か、小成に安んじて油断してしまったせいなのか。たぶんその両方なのであろう。

現在、唯一世界トップクラスの競争力を維持しているのは自動車産業である。だがこの業界には地殻変動の激変が迫っている。いうまでもなくＥＶ化の大波だ。これは欧米と中国が日本の自動車業界に仕掛けた経済戦争とも思える。十年後も日本がトップの座を保てるかどうかはわからない。

＊

日本の近代史を通観して「八十年周期説」という史観が存在する。その中間の四十年に変曲点があるというのだ。

明治に入って四十年、大国ロシアを破って世界の大国の仲間入りを実現できた。中間の変曲点にあった象徴が帝国国防方針だ。より軍事大国をひたすら目指して四十年、大失敗して敗戦国となり何もかもを失った。

第二次世界大戦後の日本は、軍事を経済という文字に置き換えれば、同じ道を辿《たど》っているように思えてならない。

気がつけば日本政府が負っている借財（赤字国債）は、国民総生産（ＧＤＰ）の二倍の一千二百兆円にも膨れあがってしまった。これは驚くなかれ、太平洋戦争末期の日本と同じレベルの債務状態なのだという。

国の場合は赤字国債というが、それはまぎれもなく借金である。借金は利子とともに元金は必ず返済されなければならない。これは個人であっても国であっても変わらない、経済原論の基本だろう。

ではこの巨額の借金は誰が返済するのか。国家か、政治家か。いや違う、最後のツケはわれわれ国民が負担することでしか解決方法のない借金なのだ。

ここ十年余り、想定外の出来事が続いてきた。

リーマンショック、東日本大震災と東電の福島原発事故、全世界を巻き込んで複数年続く新型コロナパンデミック、ロシアによるウクライナ侵略戦争、エネルギー・食料の高騰、高齢化と人口減、自然災害の頻発……。

因は果を生み、果また別の因へ広がる。日本を取り巻く国際環境はより流動的、不安定化し、不測の事態や想定外の出来事が続いていくに違いない。

経済大国だった日本が低迷を始めて四十年といえば二〇三〇年である。果たしてどんな近未来が待っているのだろうか？

二〇二一年、財務省発表資料によると、予算案一〇六・六兆円の内訳は次の通りである。

■税収などの実収入——所得税一七・五％（一八・七兆円）、法人税八・四％（九・〇兆円）、消費税一九・〇％（二〇・三兆円）、その他税収八・九％（九・五兆円）、その他収入五・二％（五・六兆円）

■赤字国債（国の借金）——四〇・九％（四三・六兆円）

まさに危機的な財政状況で、どうみてもこんなことが続けていけるはずがない。

環境問題からくるサステナブル地球も心配だが、サステナブル日本社会は大丈夫なのか、はるかに深刻で心配になるではないか。

政治家は選挙に勝ちさえすれば、勝てば官軍だと思っているようだ。地盤（後援会等の支持団体）・看板（知名度や毛並みの良さ）・カバン（資金力）に恵まれた二世、三世の世襲議員が圧倒的に有利である。

とにかく選挙に勝ちさえすれば、議員先生は天下泰平なのだ。票のためには何でもする。時には、衣を被った反社会的団体とも手を握る。節操がない。

お金に執着し、倫理性なし・品性なし・節操がないという三無主義だ。そのような議員が目立つのだ。時には人間としての品格すら疑わせる国会議員がいる。そんな輩《やから》でも議員特権で立場は守られる。

政治の劣化は止まらない。政治家、政治の質の低下、劣化はわれわれ国民が同じレベルであることを意味する。国の命運を左右する国政選挙での投票率の低さなどから考えると、この国には真の意味での民主主義が、定着していないのでないかと思ってしまう。

国家の真の危機に向き合わず、お金を使うこと（バラマキ）で支持率を上げることに汲々《きゅうきゅう》としている。長期戦略を欠いて、目先の刹那的な対症療法に終始している。最後のドタン場までは誰しも楽観者でいたいのだ。

少なくとも、プライマリーバランス（基礎的財政収支）の黒字化は達成しなければならない。だが、そういわれて二十年近く経つが、先送り、先送り続きで一向に前に進まない。選挙の争点になったこともない。

まさに亡国の衆愚政治である。国家を滅ぼすのは何も軍国主義だけではない。歴史は繰り返すのか？　いや、繰り返すことはないだろう。だが少なくとも韻を踏むのは間違いない。

日本国民を待ち受ける近未来は、厳しい茨《いばら》の道であることを肝に銘じて、この小さな歴史探訪の旅を閉じることにしたい。

【昭和前期】略史

大正十五年、大正天皇の崩御に伴い、皇太子裕仁親王が皇位を継承し、昭和と改元した。昭和は四書五経の一節「百姓昭明にして、万邦を協和す」から取り、国民の平和及び世界各国の共存を願ったものだったが、実際の歴史はそうはならなかった。

太平洋戦争の敗戦までの主な出来事を年表ふうに要約してみる。

昭和三年　六月　満州某重大事件―実態は満州駐在関東軍参謀の河本大佐による満州の首領であった張作霖を爆殺した事件。
時の首相田中義一は真実を昭和天皇にも国民にも明らかにしなかった。

昭和四年　十月　暗黒の木曜日から世界恐慌が全世界へ広がる。

昭和五年　ロンドン軍縮会議。大型巡洋艦で六割、補助艦総枠を七割と取り決められたが、海軍の強硬派は納得せず「統帥権干犯」問題とする。

昭和六年　九月　満州事変―柳条湖で満鉄が爆破され関東軍が出動、満州主要都市制圧。
関東軍の偽旗作戦・自作自演によるもので陸軍は統制不能状態となる。

昭和七年　三月　満州国建国―内実は日本（関東軍）による傀儡国家であった。
五月　五・一五事件―青年将校らによって犬養首相が暗殺される。

昭和八年　二月　国際連盟総会で満州事変は日本の侵略行為と可決され日本は連盟脱退。

昭和十年	日本は自ら国際的孤立化の途を選択してしまう。ワシントン・ロンドン軍縮会議から脱退する。（その後、アメリカの大建艦競争についていけず対策に苦悩する）
昭和十一年二月	二・二六事件。在京の陸軍将校らが部隊を率いて政府重臣を襲撃したクーデター事件。昭和天皇の強い決断が軍事クーデターを食い止める。
昭和十二年七月	蘆溝橋事件に端を発し、日中全面戦争に拡大する。
昭和十四年五月〜	ノモンハン事変―中央の指示に従わない関東軍の火遊び的戦争。日本軍の装備は旧式で、ソ連軍の機甲部隊、大砲兵団、トラック輸送による補給に太刀打ちできなかった。
同年　九月	ヨーロッパで第二次世界大戦勃発。当初ドイツ軍快進撃。
昭和十五年九月	日独伊三国同盟締結。その結果、日米関係は決定的に悪化する。
昭和十六年四月	日ソ中立条約締結。
同年　六月	独ソ戦争開始
同年　七月〜	関東軍特殊演習―日本は満州に七十万という大軍を動員。日本軍南部仏印駐屯―アメリカは日本の資産凍結。石油禁輸に踏み切る。戦争か、全面撤退かの二者択一を迫られる。
同年十二月八日	日本軍のマレー半島奇襲上陸、真珠湾攻撃により太平洋戦争。
昭和二十年八月	ポツダム宣言に反応しなかった日本。広島、長崎に原子爆弾投下、ソ連参戦を受け、国体護持を条件に降伏で戦争は終わった。

【著者紹介】

岡田幸夫（おかだ・ゆきお）

1947年、群馬県桐生市生まれ。

1970年、東北大学工学部電子工学科卒業。

大手電機メーカーの半導体部門に35年間勤務。

500坪の畑に年間40種の野菜を育てている。

晴耕執筆をモットーに歴史、自然、環境、健康などを考える生活を実践中。

著書 『天まで響け　八木節音頭』『西の西陣、東の桐生』『続西の西陣、東の桐生』（上毛新聞社）、『エンジニア百姓事始』（農山漁村文化協会）、『零戦から超ＬＳＩへ』（鳥影社）、『気節凌霜道はるかなり―庄内武士の歩んだ糸の道―』『鍼師川井健薫―治さなければ患者は来ない縁と運―』『鍼師川井健薫　人間修理屋』『国宝「鷹見泉石像」の謎』（郁朋社）、『日本開国の道標―開国への先鞭をつけた渡辺崋山と高野長英―』（元就出版社）

勝って兜の緒を締めよ！

2023年2月1日　第1刷発行

著　者　岡田幸夫

発行者　濵　正史

発行所　株式会社元就《げんしゅう》出版社

〒171-0022 東京都豊島区南池袋4-20-9
サンロードビル 2F-B
電話 03-3986-7736　FAX 03-3987-2580
振替　00120-3-31078

装　幀　クリエイティブ・コンセプト

印刷所　中央精版印刷株式会社

※乱丁本・落丁本はお取り替えいたします。

ISBN978-4-86106-276-6　C0021

岡田幸夫・著

日本開国の道標―開国へ先鞭をつけた渡辺崋山と高野長英

キリシタン禁止と一体となった鎖国制度は２００年以上も続き、日本全体は厚い壁で閉ざされた。その壁はペリー提督によってこじ開けられたが、幕末日本の英傑や俊英たちは既に時代の風を視ていた。崋山と長英の足跡から近代日本の萌芽を追った。

■本体１６００円＋税